로널드 코스라면 어떻게 해결할까

배출권 거래제와 주파수 경매

로널드 코스라면 어떻게 해결할까
배출권 거래제와 주파수 경매

초판 1쇄 인쇄 | 2022년 10월 10일
초판 1쇄 발행 | 2022년 10월 20일

저　　자 | 린 키슬링
역　　자 | 권혁철
발 행 인 | 최승노

기획·마케팅 | 박지영
편집 | 인그루출판인쇄협동조합
디자인 | 인그루출판인쇄협동조합

발 행 처 | 자유기업원
주　　소 | (07236) 서울시 영등포구 국회대로62길 9 산림비전센터 7층
전　　화 | 02-3774-5000
홈페이지 | www.cfe.org
E-mail | cfemaster@cfe.org

I S B N | 978-89-8429-251-2 03300
정　　가 | 13,000원

낙장 및 파본 도서는 바꿔 드립니다.
이 책 내용의 전부 또는 일부를 재사용하려면 반드시 자유기업원의 동의를 받아야 합니다.

로널드 코스라면 어떻게 해결할까

배출권 거래제와 주파수 경매

The Essential Ronald Coase

목 차

1장 당신이 아이스크림 가게를 만든다면? 9
　기업인가, 시장인가? 11
　기업은 왜 존재하는가? 14
　거래비용 줄이기 16
　기업의 행동 공식 18
　기업 내부 생산 vs 시장 구매 23
　GM이 자동차 차체까지 만들게 된 이유 27

2장 슬기로운 분쟁해결법 31
　제지공장의 공짜 폐기물 처리 33
　오염유발자 비용 부담? 35
　누가 비용을 부담할 것인가? 37
　거래비용이 갈등 해결에 미치는 영향 40
　코스 정리(Coase Theorem) 44
　경제학과 법학의 만남 46

| **3장** | 주파수를 확보하라! | 51 |

스펙트럼 관리를 어떻게 할 것인가? 53
로또가 되어버린 주파수 분배 55
코스의 질문: 핵심은 재산권이다 57
주파수를 경매에 붙이다 60
혁신과 함께 하는 디지털 세상 62

| **4장** | 오염의 배출 권리도 거래한다 | 65 |

공기 오염과 대기청정법 67
혁신적인 접근법: 배출권 거래 시스템 68
배출권도 하나의 자산이다 73
오염이 획기적으로 줄어들었다 75
온실 가스에 배출권 적용하기 77

| **5장** | 등대가 공공재라고? | 81 |

등대는 당연히 공공재? 83
등대는 민간 상업 시설이었다 85

| 6장 | 독점에 대한 두 가지 물음 | 89 |

    가격 설정의 비밀   91

    한계비용에 대한 논쟁   93

    새로운 가격설정법: 다중 가격형성   98

    완전 내구재 독점자의 가격 결정   102

| 7장 | 제도, 재산권 그리고 거래비용 | 107 |

    내 것과 내 것이 아닌 것   109

    재산권과 거래비용의 관계   111

    제도와 피드백 효과   114

| 8장 | 코스가 살아있는 세상 | 117 |

    실생활 속에 자리잡은 코스   120

| 9장 | 코스는 어떤 사람인가? | 123 |

    새로운 세상을 열다   127

참고 문헌 및 추가로 읽어 볼 문헌 … 131
저자의 감사의 말 … 143
저자 소개 … 144

1장
당신이 아이스크림 가게를 만든다면?

시장의 작동은 무언가 비용을 초래하며, 조직을 만들어 ("기업가"에게) 자원의 배치에 관한 권한을 부여하게 되면 시장 이용 비용(marketing costs)의 일부가 절약된다.
-코스(Coase, 1937), p. 392

기업인가, 시장인가?

아이스크림 가게를 보자. 가게 주인은 어떤 투입물을 사용할 것인지 그리고 그 투입물들을 어떻게 조직할 것인지 결정한다. 이러한 일련의 결정은 가게가 하는 일이 무엇인지 그리고 그것이 하나의 기업으로서 어떻게 작동하는지에 대해 중요한 의미를 갖는다. 이 가게는 아이스크림, 근로자, 그리고 (콘, 컵, 전기기기 등과 같은) 여타 다른 투입물들을 필요로 하며, 이는 이 가게가 얼마나 많은 아이스크림을 판매할 것인지, 운영 시간은 어떻게 되는지 등등에 따라 달라진다. 또한, 이 가게는 냉장고, 영업할 장소, 그리고 아이스크림을 생산하기 위해 보완적으로 투입해서 작업해야 하는 것들이 있으며, 이를 위한 자본도 필요하다. 하나의 기업으로서의 아이스크림 가게에 대한 경제적 분석을 통해 생산비용을 살펴볼 수 있고, 가장 이윤이 많이 남는 가격 책정을 위해 아이스크림 시장조사도 할 수 있을 것이다. 또한, 그 기업이 자신의 생산 활동을 어떻게 조직화해 나가는지 보기 위해 경영의 세세한 부분까지도 탐구할 수 있을 것이다. 코스는 후자를 강조했다.

21살의 런던경제스쿨(London School of Economics) 학생으로서 코스는 미국에서 기업들이 생산을 어떻게 조직하는지 배우고 분석할 수 있는 1년 간의 미국 체류 장학금을 받았다. 이 질문, 즉 '기업은 왜 존재하는가?'라는 질문은 경제학에서 가장 심오하고도 근본적인 질문들 가운데 하나로 남아 있다. 코스는 개별 행동들과 의사결정들이 분권화된 가격시스템에 의해 조정되는 시장과 행동들과 의사결정들이 내부의 위계질서(internal hierarchy) 및 중앙 계획에 의해 조정되는 기업 간의 차이를 관찰했다. 만일 생산을 조정하기 위해 가격 시스템을 이용하는 시장(spot market)이 경제적 복리(welfare)를 극대화한다면, 모든 생산이 시장 거래를 통해 이루어지지 않고 있는 이유는 무엇일까? 시장과 기업, 이 두 가지의 선택지는 생산을 조직하기 위한 대안적 제도 구조를 나타내는 것이다.

1930년대에 코스가 공부했던 비용 기반 기업이론이라 불리는 신고전파 경제학 이론에서 경제학자들은 투입비용에 기반하여 기업들을 모델화하였다. 여기서 투입은 노동과 자본의 두 가지 범주로 나뉘어진다. 무엇을 생산할 것인지 결정했다면, 기업은 자신의 이윤을 극대화할 수 있는 투입물들의 조합을 선택한다. 신고전파 기업이론에서 관심의 초점은 어떻게 하는 것이 기업이 자원을 가장 가치 있는 용도에 배분하는 것이며, 어떻게 하는 것이 장기간에 걸쳐 이윤을 극대화하는 투자 결정이 되는 것인지에 놓여 있다. 이 이론은 시장이 아닌 위계질서를 이용하도록 만드는 요인은 무엇인지, 또는 기업들이 업무를 내부적으로 완수하기 위해 선택하는 거래들은 어떤 것들인지에 대한 탐구를 하지 않는다. 이 이론은 또한 조직 구조로서의 기업이 어떻게 혁신을 가능하게 하는지, 또 기업가정신은 기업이 취하는 형태나 행동에서 어떻게 표출되는지에 대해 거의 아무것도 알려주지 않는다.

신고전파 경제학

신고전주의 경제학은 재화와 서비스의 생산, 가격 책정 및 소비의 원동력으로서 수요와 공급에 초점을 맞춘 광범위한 이론. 신고전파 경제학자는 소비자의 첫 번째 관심이 개인의 만족을 극대화하는 것이라고 믿는다. 따라서 그들은 제품이나 서비스의 유용성에 대한 평가를 기반으로 구매 결정을 내린다. 또한 제품 가치에 대한 소비자의 인식이 가격과 수요에 영향을 미치며 경쟁이 경제 내에서 자원의 효율적인 할당으로 이어지고 수요와 공급의 힘은 시장 균형을 만든다고 주장한다.

(출처: investopedia)

코스는 기업이 생산을 어떻게 조직하는지 그 방법을 연구할 기회를 얻었고, 여기서 그는 비용 기반 기업이론을 부정하지 않고 오히려 그 이론 위에서 기업 내부에서의 조직적 의사결정이 어떻게 이루어지는지를 포함하여 어떤 기능이 기업 내부에서 또 어떤 기능이 시장의 독립적인 공급자들과의 계약을 통해서 수행되어야 할지가 어떻게 결정되는지를 검토했다. 이 연구에 기반한 논문이 1937년 발표된 "기업의 본질(The Nature of the Firm)"이며, 이 논문은 1991년 노벨상위원회가 코스에게 노벨 경제학상을 수여하면서 언급했던 가장 영향력 있는 두 가지 연구 업적 가운데 하나였다.

기업은 왜 존재하는가?

"기업은 왜 존재하는가?"라는 질문에 대해 코스는 기업은 거래비용을 최소화하기 위해 존재한다고 대답했다. 코스의 이 대답은 오늘날까지도 여전히 새로운 아이디어가 생성되고 있는 영향력 있는 연구 흐름을 촉발시켰다(물론 그는 1937년 논문에서 거래비용이라는 용어 대신 "시장 이용 비용(marketing costs)"이라는 용어를 사용했다). 거래비용에 대한 보다 일반적인 정의는 재산권을 수립하고 유지하는 비용이다(Allen 1999: 898). 거래비용의 예로써, 코스는 시장 가격이 얼마인지를 알아내는 일과 매번 거래할 때마다 별도의 계약을 협상해야 하는 비용을 포함시켰다. 이 비용을 줄이기 위해 제도가 등장하지만, 제도가 이 비용을 완전히 제거하지는 못한다. 기업들은 여전히 계약을 이용하지만, 이 계약들은 기간이 훨씬 길고 성격도 다르다:

> 기업이 존재한다고 해서 계약이 배제되는 것은 아니지만, 계약이 크게 감소하는 것은 사실이다. 한 생산요소(혹은 생산요소 소유자)는 기업 내부에서 자신과 협력해야 하는 생산요소들과 계속 이어지는 일련의 계약들을 맺을 필요가 없다. 물론 가격 메커니즘이 작동한 직접적 결과로 이러한 협력이 이루어지는 것이라면 일련의 계약들이 필요하겠지만 말이다. 왜냐하면(기업의 존재는: 역자) 이러한 일련의 계약들을 단 하나의 계약으로 대체해 버리기 때문이다.(1937: 391)

거래비용

각종 거래에 수반되는 비용. 거래 전에 필요한 협상, 정보 수집과 처리는 물론 계약이 준수되는가를 감시하는 데에 드는 비용 등이 포함된다. 부동산 거래의 경우 공증비용, 중개수수료, 담보설정비용, 등기비용, 조사비용 등이 있으며 증권 거래비용은 중개수수료 등이 있다.

(출처: 한경 경제용어사전)

거래비용 줄이기

기업 내부에서 경영 위계질서를 조직화하고 이용하는 것은 비용을 유발하며, 따라서 어떤 거래를 내부적으로 수행할 것인지 결정하는 데에는 거래비용과 조직비용 간의 절충(tradeoff)이 포함된다. 바로 이것이 코스의 근본적인 통찰이다.

조직비용

특정한 목적을 달성하기 위하여, 여러 개체나 요소를 모아서 체계 있는 집단을 이룰 때 필요한 돈.

(출처: 국립국어원 우리말샘)

산출물을 생산하기 위해 노동과 자본을 고용하는 기업으로서의 아이스크림 가게에 대한 경제분석으로 돌아가 보자. 아직까지는 이 아이스크림 가게는 신고전파 기업 관점과 부합된다. 코스의 통찰력은 가게 소유주가 생산을 어떻게 조직할 것인지를 둘러싼 몇 가지 차원의 질문을 던짐으로써 우리에게 보다 깊은 이해력을 제공한다. 가게 소유주가 아이스크림을 현장에서 직접 만들 것인가, 아니면 공급업체로부터 아이스크림을 구매할 것인가? 만일 아이스크림을 구매한다면, 표준 입맛의 아이스크림으로 계약을 할 것인가, 아니면 자신의 가게에만 특별하게 맞춘 입맛의 아이스크림—하지만 아마도 자기 가게만이 아니라 다른 가게에도 판매될 수 있는—공급업체를 선정할 것인가? 단일 공급업체와 장기계약을 맺을 것인가, 아니면 필요할 때마다 시장에 있는 여러 공급업체 중 하나에 주문을 할 것인가? 근로자를 고용할 때, 하루하루 계약을 할 것인가, 아니면 장기 근로계약을 맺을 것인가?

가게에 오는 각각의 근로자와 매번 새로운 계약을 맺고 어떤 업무를 수행해야 하는지 구체화하는 것이 얼마나 많은 비용이 드는지를 생각해보라. 장기 고용계약은 가게 소유주로 하여금 생산 일정과 계획을 작성할 수 있도록 하고, 또 근로자로 하여금 보다 안정적인 기대와 일정에 기반하여 자신의 업무 일정을 잡을 수 있도록 함으로써 근로자들의 전형적인 거래비용을 감소시켜준다. 또 장기 고용계약은 기업으로 하여금 근로자 교육에 투자하고 그들의 생산성을 높이는 일에 적극적으로 나서도록 한다. 하지만 가게 소유주는 관련되는 모든 거래를 회사 내부로 가져오는 결정을 하지는 않을 것이다. 소매하는 자신의 가게에서 아이스크림을 생산하기 위해 모든 시설과 모든 투입물들을 구매하기보다는 자신이 원하는 아이스크림의 품질을 구체화하고 자기 상표(private label)의 아이스크림을 생산하는 생산업체와 계약을 맺는 것(혹은 "임대형 주방(industrial kitchen)"을 임대하고 아이스크림 전문 "주방장"을 고용하는 것)이 아마도 비용이 덜 들어갈 수도 있다. 이윤 동기에 반응하여 기업은 거래비용이 가장 낮은 해결책을 발견하고 시행하며, 그럼으로써 소비자에게 질 좋은 아이스크림을 가장 낮은 가격에 제공하게 된다.

기업의 행동 공식

이 기본적인 아이디어는 믿을 수 없을 정도로 간단하다. 즉, 거래비용이 무엇을 기업 내부에서 할 것인지 그리고 어떤 투입물을 구매할 것인지를 결정하며, 그럼으로써 기업은 (주어진 품질 수준에서) 시장에서 독립적인 계약들을 통해 업무들을 수행하는 것보다 기업 내부에서 처리하는 것이 비용이 적게 드는 업무들을 내부에서 수행하게 된다. 또 기업은 내부적으로 조직화하는 것보다 시장을 통해 수행하는 것이 더 저렴한 업무와 관련해서는 타인들과 계약을 맺는다. 이 패러다임은 보기에는 아주 기본적인 것으로 보이지만, 광범위한 영역의 연구를 촉발시켰고,

경제학, 경영학 및 정치학 연구에 새로운 분야를 열었다.

만일 한 기업이 성공을 거두고 확장을 할 정도로 충분한 수요가 존재한다면, 그 기업은 생산량을 확대하고, 관련 제품(제품 차별화)으로 사업을 넓히거나, 경쟁자와 합병(수평적 통합)을 함으로써 확장을 꾀할 수 있다. 또한, 이 기업은 투입물들을 스스로 생산하는 후방 통합을 할 수도 있고, 더 많은 완제품과 마케팅 쪽으로 전방 통합(수직적 통합)을 할 수도 있다. 코스는 거래비용과 조직비용의 비교를 통해 수직적 통합은 물론 기업의 규모와 범위가 결정된다고 주장했다.

> 기업은 추가적인 거래를 기업 내에서 조직하는 비용이 동일한 거래를 공개 시장에서의 교환을 통해 수행하는 비용 또는 다른 기업을 하나 추가로 조직하는 비용과 같아질 때까지 확장하는 경향을 보일 것이다.(1937: 395)

이 이론이 코스가 자신의 연구 전체에 체화시켰던 기회비용의 평가라고 하는 근본적인 경제학적 아이디어를 어떻게 사용하고 있는지에 주목하자. 한 기업으로 통합하는 대신 또 다른 대안으로 코스는 장기계약이 몇몇 거래비용을 회피할 수 있도록 해주며, 따라서 위험회피적(risk-averse)인 경제 주체에게는 매력적일 수 있다고 하면서도 동시에 장기계약은 불완전한 예측과 불완전한 예상이라는 위험을 여전히 안고 있다고 지적했다. 즉, 계약은 필연적으로 완벽하지 않으며 생산 관계에서 발생할 수 있는 가능한 모든 환경을 전부 포함시킬 수는 없다는 것이다.

그의 경력 전반에 걸쳐 코스는 애덤 스미스(Adam Smith)의 선구적인 아이디어를 중요한 통찰력으로 생각했다. 거래비용이 기업의 범위를 결정한다는 아이디어는 스미스가 세운 기초 위에 코스가 건설한 것이다. 스미스는 노동의 분업, 그리고 하나의 업무에 전문화하고 그것과 보완적인 관계에 있는 업무에 전문화되어 있는 타인들과 함께 작업함으로써 사람들이 더 생산적이 되고, 더 부유해지며, 경제성장을 이룰 수 있다는 점을 자신의 경제학의 기반으로 삼았다. "기업의 본질"에서 코스는 전문화라고 하는 이 아이디어를 취하고는 어디서 어떻게 전문화가 이루어지는지, 그리고 전문화의 어떤 기능이 기업 내부에서 최고로 발휘되고 또 어떤 기능이 시장에서의 계약을 통해 최고로 발휘되는 것인지를 탐구했다. 전문화와 조직화는 '어떻게 하면 생산을 가장 최고로 조직할 수 있을까?'라고 하는 한 가지 질문에 대한 두 가지 차원의 응답이다.

코스가 기업이론에 거래비용과 조직을 도입하면서 산업조직 분야에서 새로운 연구들을 촉발시켰고, 이는 거래비용 경제학(TCE: transaction cost economics), 조직 경제학(organizational economics), 그리고 현재는 주로 제도조직경제학(IOE: institutional and organizational economics)이라 불리는 신제도경제학(new institutional economics)으로 이어졌다. 제도조직경제학은 조직으로 하여금 특정 생산 관계에 특화된 자산에 대한 투자를 보호하고 이 생산 관계에 참여하고 있는 경제주체들의 이해를 조화시키기 위해 아직 알려지지 않은 그리고 끊임없이 변화하는 조건들에 적응할 수 있도록 하는 거버넌스(governance)와 생산 관계를 조직함에 있어서의 거버넌스의 다양성에 관심을 집중하고 있다.

제도조직경제학
(IOE: institutional and organizational economics)

제도조직경제학(IOE)은 기업, 산업, 시장, 사회의 조직을 이끄는 경제, 정치, 규범적 역학에 관심이 있다. 경제발전과 성장, 제도적 진화, 지배 시스템의 구조, 기업과 조직의 경영과 전략, 기업가정신과 혁신, 집단 행동의 역동성, 교환 조직의 원리를 이해하고자 한다.

(출처: Cambridge Core)

거버넌스(governance)

국가 해당분야의 여러 업무를 관리하기 위해 정치·경제 및 행정적 권한을 행사하는 국정관리 체계를 의미한다. 근래에는 회사에 관련된 이해관계자들의 이해를 조정하고 회사의 의사를 결정하는 기업거버넌스, 조직의 정보기술이 조직의 전략과 목표를 유지하고 사용·통제하는 업무프로세스나 조직구조를 나타내는 정보기술 거버넌스(IT 거버넌스) 등 세세하게 분류하여 사용하고 있다.

(출처: 시사경제용어사전, 2017. 11., 기획재정부)

쉴란스키와 클라인의 책(Shelanski and Klein, 1995)에서 인용한 그림 1은 완전 개방 시장부터 완전 통합 기업에 이르기까지 생산을 조직하기 위한 다양한 거버넌스 제도들을 하나의 연속선상에 나타낸 것이다. 코스의 1937년 논문에 기반하고 있는 제도조직경제학(IOE) 연구는 하이브리드(hybrid) 조직 방식에 대한 분석 영역을 장기계약을 넘어 다른 형태의 하이브리드식 소유와 통제는 물론 미래가치에 대한 기대에 의해 유지되는 비공식적 관계인 관계 계약(relational contracts)까지를 포함하는 데까지 확장시켰다.

그림 1 IOE 연속선

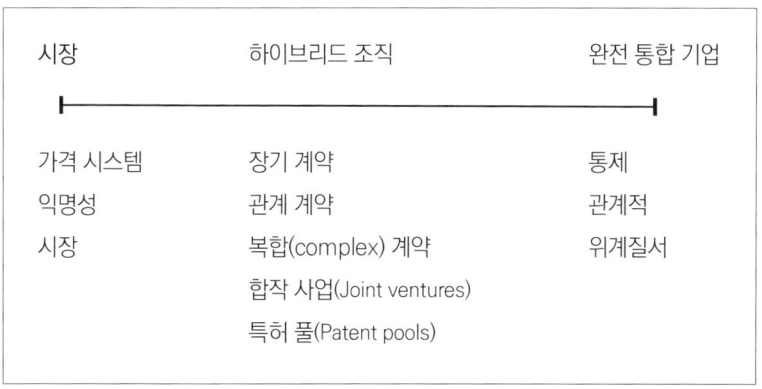

기업 내부 생산 vs 시장 구매

1970년대 이래 거래비용경제학/제도조직경제학은 다양한 조합의 거버넌스 제도들에 관한 연구에 점점 더 많이 집중하고 있다. 이 분야의 근본적인 연구 주제 하나는 "생산인가 구매인가"를 결정하는 것이다. '기업이 자신의 투입물들을 직접 생산해야 하는가, 아니면 그것들을 전문화된 외부 공급자로부터 구매해야 하는가?' 하는 것이다. 이 질문은 트럭 제조기업에서부터 정보기술기업 및 포도주 생산자(심지어 아이스크림 가게)에 이르기까지 광범위한 영역의 산업과 응용 산업 분야에 관련된 질문이다. 생산이냐 구매냐 하는 결정은 기업 구조의 수직적 통합 정도에 관한 결정이다. 동일한 산업 내에서조차 왜 어떤 기업은 수직적으로 통합을 하는데, 왜 다른 기업은 수직적 통합을 하지 않을까? 코스(1937) 이론에 기반하여 발전된 이론에 따르면, 거래비용과 조직비용 간의 교환(tradeoff)이 그러한 연구의 출발점이다. 수직적 통합은 생산을 조정하는 하나의 수단인데, 가령 장기계약이나 여타 하이브리드 조직형태들과 같은 대체할 수 있는 제도적 선택지들이 존재한다. 클라인이 저술한 책(Klein, 2005)에서는 이러한 선택 대안들에 관해 심도있게 논의되고 있다.

거래비용경제학의 수직통합 및 생산-구매 결정이론은 윌리엄슨(Oliver Williamson)의 업적에 크게 의존하고 있는데, 그는 1970년대와 1980년대 거래비용경제학을 발전시킨 선구적인 업적으로 2009년 노벨 경제학상을 수상했다. 윌리엄슨은 신고전파 기업이론은 기업을 마치 블랙박스처럼 취급했다고 주장했으며, 이는 코스의 초기 작업과 일치하는 관찰이다. 윌리엄슨은 경제분석의 한 주제로 기업 내에서의 거버넌스(governance)를 도입함으로써 그 블랙박스를 열어젖히고 거래비용경제학을 수립했다(Tadelis, 2010). 어떤 거래가 기업 내에서, 또 어떤 거래가 시장에서 이루어지는가에 관한 질문에 대답하기 시작한 것은 이 연구로부터 시작되었다. 기업 내 거버넌스는 위계질서, 점증하는 복잡성 및 통제를 포함하며, 따라서 기업 내 거래는 추가적인 통제로 이익을 얻을 수 있는 거래가 그 대상이 될 것이다. 그런 거버넌스는 두 가지 범주에서 이익을 가져다줄 수 있다. 우선, 그것은 생산관계에 있는 사람들로 하여금 불완전한 예측과 직면하여 보다 잘 적응하도록 할 수 있고, 두 번째로 그것은 사람들로 하여금 그렇지 않았다면 생성되지 않았을 관계특화적(relationship-specific) 자산에 장기적으로 헌신하도록 만들 수 있다. 거버넌스 제도들에 대한 분석은 완벽하지 않은 계약이 보편적이며 피할 수 없는 것이라는 생각을 취하면서 사람들이 어떻게 이 불완전성(incompleteness)을 관리해 나가는지를 살펴보는 것이다. 물론 서로 다른 목표를 달성하는 단기 및 장기계약이 체결되는 시장 계약도 복잡할 수 있으며, 따라서 거버넌스 제도에 대한 연구는 당연히 시장에서의 관계(relationship)에도 적용될 수 있다.

특수 자산(asset specificity)이라고도 불리는 관계특화적 자산은 거래비용경제학 연구에서 커다란 역할을 한다. 예를 들어, 우리의 아이스크림 가게 주인이 아이스크림을 내어놓는 자신만의 독특한 방식을 만들기 위해 자신만의 로고가 새겨진 독특한 모양의 콘(cone)을 갖기를 원한다고 하자. 이 가게 주인의 생산이냐 구매냐의 결정은 콘을 생산할 것인가 아니면 공급업자와 콘 생산 계약을 맺을 것이냐 하는 결정이다. 만일 계약을 맺는다면,

로고가 새겨진 콘을 만드는 기계를 가게 주인이 제공할 것인지, 아니면 공급업자가 해당 자산(=기계)을 구입할 것인지? 만일 공급업자가 기계를 구입해야 된다면 비용이 많이 들 뿐만 아니라 그 기계는 오직 해당 가게에 공급하는 콘을 만드는 데에만 사용될 뿐 다른 생산 관계(relationship)에서는 사용할 수 없기 때문에 자신의 투자에 대한 상당한 정도의 수익을 확보하기 위해 장기계약을 맺기를 원할 것이다. 그렇지만 아이스크림 가게 소유자는 이 일이 아이스크림 가게에 얼마나 중요한 것인지를 아는 공급업자가 콘 판매로부터 발생하는 경제적 파이의 몫을 더 늘려달라고 끝까지 요구하지 않을까 우려하게 된다(이른바 "홀드업(holdup) 문제"라고도 부른다). 계약이 불완전하다는 것을 감안하면, 이익의 상호 호혜적 분배를 협상하는 장기계약을 맺는 일은 어려워질 수 있다(다른 말로 하면, 거래비용이 존재한다). 따라서, 아이스크림 가게 소유자로서는 기계를 직접 구입하고 공급업체의 직원을 고용하여 자신의 로고가 새겨진 콘을 직접 생산하는 것이 더 이익이 될 수 있다.

홀드업(holdup) 문제

특정한 관계를 고려해 투자를 할 경우 그 투자가 오히려 인질이 되어 자신의 입지를 약하게 만드는 문제 또는 그러한 상황. 경제학에서는 주로 중소기업에 대한 대기업의 횡포를 설명할 때 인용된다.

(출처: 시사상식사전, PMG 지식엔진연구소)

GM이 자동차 차체까지 만들게 된 이유

보다 일반적으로 말하면, 협력적 생산 관계의 당사자들이 계약을 맺을 때 양 당사자 사이에 분배가 되어야 하지만 계약을 맺을 당시에 분배하지 않은(혹은 할 수 없었던) 가치가 창출되게 마련이다. 이런 계약의 불완전성은 계약 당사자 각자에게 자신의 몫을 더 크게 하고자 하는 기회를 제공하고 또 그들은 그 기회를 이용하고자 하기에, (계약보다는: 역자) 수직적 통합이 비용이 덜 드는 것이 될 수 있다. 왜냐하면, 수직적 통합은 기회주의적으로 행동할 동기를 제거해버리기 때문이다(Monteverde and Teece, 1982).

이러한 사고(思考)의 응용을 가장 그럴듯하게 보여주는 사례로 클라인, 크로포드 및 알치안(Klein, Crawford, and Alchian, 1978)은 1920년대 GM(General Motors)과 피셔 회사(Fisher Body) 간의 관계를 연구했다. GM은 피셔 회사의 지분 60%를 가지고 있었는데, 이 회사는 GM과 여타 다른 제조업체에 자동차 몸체를 공급하는 회사로서 GM과의 관계에서는 상당히 독자적인 의사결정을 할 수 있었다. 피셔의 생산 공정에 맞추기 위해 GM은 생산 기계와 생산 공정에 엄청난 규모의 투자를 해야만 했는데, 이것은 만일 GM이 다른 차체 공급업체로 전환한다면 더 이상 쓸모가 없어지게 될 그런 것들이었다. 클라인, 크로포드 및 알치안은 GM이 직면할 수 있는 홀드업 문제의 잠재적 비용의 사례로 이 관계를 이용했다. 홀드업 문제란 당사자 A가 어떤 행위를 하기 위해서는 당사자 B에 의존하고 있을 때—B는 A가 행위를 수행하기 위해서는 B에 의존해야 한다는 사실을 알고 있다—, B는 만일 A가 원래 B에게 약속했던 것보다 더 많은 것을 내어놓지 않는다면 그 행위를 완수하지 못할 것이라고 협박하는 문제를 말한다.

이 특별한 사례는 결국 1926년 GM이 피셔 회사를 인수하여 자동차 차체 생산으로 수직통합하는 것으로 결말이 지어졌다. 자동차 엔진과 섀시(chasis)를 생산하는 생산자로서 이제 자동차 차체의 생산까지 하게 됨으로써—즉, 두 가지 모두 GM에 의해 소유되고 운영됨으로써—타인을 홀드업하고자 하는 "분배"(division)

동기는 확실하게 사라졌다. 그런데, 클라인, 크로포드 및 알치안이 이 이야기를 홀드업 문제에서 연유된 것이라고 해석한 것은 논란의 여지를 남겨 놓았고, 그것에 관한 코스의 연구를 포함하여 2000년에 활발한 논쟁이 벌어졌다. 클라인(Peter Klein)은 다음과 같이 지적하고 있다.

> 클라인, 크로포드 및 알치안(Klein, Crawford, and Alchian, 1978)과 클라인(Klein, 1988)은 이것을 자산 특수성이 존재할 때 홀드업을 완화시키기 위해 수직적 통합을 한 고전적인 사례로 인용하고 있다. 피셔 회사가 자신의 공장을 GM의 조립공장 가까이에 위치시킬 것을 거부했고, 또 차체 수요에 대한 예상치 못한 증가에 직면하여 자신의 생산 기술을 변경할 것을 거부함으로써, GM으로 하여금 피셔 회사와의 기존 10년 간의 공급 계약을 종료하고 완전한 소유권을 획득하도록 만들었다는 것이다. 원자료들(original documents)을 살펴보면서 코스(Coase, 2000)는 그것이 아니라 계약은 잘 이행되었으며, 단지 피셔 회사의 최고 경영자들(피셔 형제들)을 GM의 또 다른 사업에 보다 밀접하게 합류시키기 위해 계약을 점차 완전 소유로 대체시킨 것이라고 주장하고 있다.....간단히 말하면, GM이 거래상의 문제(attributes)와 당시의 경영 구조 간의 부적절한 배열에 대응하기 위해 피셔

의 나머지 지분 40%를 인수한 것이 아니라는 것이다. 오히려, 1919년에 체결된 장기계약은 자산 특수성과 불확실성에 직면하여 홀드업 문제를 완화시키는 데 적절한 것이었으며, 그것이 수직통합으로 대체된 것은 부차적인 이유 때문이었다고 한다.

(Peter Klein, 2005: 446)

2장
슬기로운 분쟁해결법

A가 B에게 해를 입힐 때 'A를 어떻게 제지시킬 것인가?'라는 질문이 통상적인 사고 방식이다. 하지만 이런 생각은 잘못된 것이다. 우리는 상호적인 특질(nature)을 가진 문제를 다루고 있다. B에게 해를 끼치는 것을 피하다 보면 A에게 해를 가할 수도 있다.

결정되어야 할 진정한 문제는 다음과 같다. 즉, B에게 해를 끼칠 수 있도록 A에게 허용되어야 하는가 아니면 A에게 해를 끼칠 수 있도록 B에게 허용되어야 하는가? 중요한 것은 보다 심각한 해를 피하는 것이다.

−코스(Coase, 1960), p.2

제지공장의 공짜 폐기물 처리

마을을 관통하는 강물이 있고, 그 강물 주변에는 조깅과 산책을 할 수 있는 길과 공원이 조성되어 있으며, 카약과 낚시를 할 수 있는 보트 선착장, 강물 처리 시설, 그리고 제지공장이 있는 한 마을이 있다(Yandle, 1998). 제지공장은 제품을 생산하여 그 제품에 가치를 부여하는 소비자들에게 판매한다. 이 거래는 인간의 교환 본성으로서 당사자 간 상호 호혜적인 상호작용이다. 제지회사는 생산물을 판매하여 수입이 비용을 초과할 때 이윤을 획득하고, 종이 소비자는 종이를 구매할 때 들어간 비용보다 종이로부터 더 많은 효용을 얻을 때 순효용(net satisfaction)을 얻는다. 이렇듯 양 당사자는 자원의 이용에 관한 자신들의 선택을 할 때 효용과 비용을 비교한다.

그런데 만일 제지공장의 생산을 좀 더 면밀하게 살펴보면, 전형적으로 이루어지고 있는 회계비용 계산에 온전히 반영되지 않을 수 있는 몇몇 비용들이 있다는 것을 알게 된다. 예를 들면, 종이를 생산하면 폐기물(waste by-products)도 나오게 된다. 기업은 소비자들을 향한 경쟁을 하므로, 비용을 최소화하고자 하는 강한 동기를 갖는다. 폐기물을 처리하는 일은 비용이 들어가는 일이므로, 제지회사는 만일 아무런 비용도 들이지 않고 폐기물을 강물에 버릴 수 있다면 그렇게 할 동기를 갖게 된다. 그 폐기물은 강물의 산소를 감소시키고 볼썽사납게 만들어, 회사가 "공짜"로 폐기물을 처리하는 것은 강물을 이용하는 다른 사용자들이 부담해야 하는 비용을 발생시킨다. 하지만 제지회사는 폐기물을 강물에 처분한 것에 대해 아무런 비용도 지불하지 않기 때문에, 시장 거래의 양 당사자인 종이 생산자나 소비자 모두 그 비용을 부담하지 않는다. 그 대신에 비용은 강변 공원에서의 즐거움의 감소, 유쾌하지 않은 카약과 낚시, 산소 감축에 따라 질이 낮아진 생태계, 그리고 물 소비를 위한 추가적인 처리 비용 등으로 나타나게 된다.

코스는 이 문제를 "사회적 비용의 문제"라 불렀으며, 1960년에 같은 이름을 주제로 글을 썼다. 어떤 자원의 사용이 해당 거래에 참여하지 않은 사람들에게 비용을 발생시킬 때 이 자원의 사용과 관련된 갈등을 어떻게 풀 수 있을까? 코스는 사람들이 그러한 갈등을 현실에서 어떻게 해결하는지 살펴보기 위한 접근법으로 방목하는 소가 이웃 농부의 작물을 먹어버리는 것에서부터 산업 공장의 연기가 인근 주민들에게 해를 끼치는 것까지의 분쟁들이 영국 보통법(English common law)에서 어떻게 해결되어 왔는지 그 역사를 살펴보았다. 유명한 사례 하나로 스터지스(Sturges) 대(對) 브리지먼(Bridgman)(1879) 사건이 있다. 이 사례에서, 런던의 한 제과업자가 사탕을 만들기 위해 중장비를 사용했다. 이 제과업자의 이웃은 의사였는데, 그는 환자들을 진료하는 진료실을 새로 지었다. 그런데 이 새 진료실이 사탕을 만드는 기계의 소음과 진동에 노출되었고, 이는 의사가 환자와 함께 이 시설을 이용하는 것을 어렵게 만들었다. 이 사례도 앞서 언급한 강변의 제지공장의 경우와 마찬가지로 몇 가지 동일한 것들을 공유하는 것이며—공유 자원의 사용을 둘러싼 갈등—, 이 사례의 경우에 공유되는 것은 주변의 공기(air)로 그것이 소음과 진동에 영향을 받고 있는 것이다.

오염유발자 비용 부담?

코스가 이 문제에 대해 연구를 해야겠다고 자극을 받은 것은 피구(A.C. Pigou, 1920)의 저술로부터인데, 피구는 1920년대에 오늘날에도 많이 이용되는 후생경제학(welfare economics) 이론 발전에 많은 공헌을 한 사람이다. 제지공장 상황에서, 피구의 "외부비용 이론"(external cost theory)은 제지공장이 비용을 유발하고 있으며 그 비용을 종이 거래에 참여하고 있지 않은 타인에게 부과시키고 있다는 점에서부터 출발할 것이다. 따라서, 제지공장이 그 비용과 관련된 손해에 대해 대가를 지불해야만 한다. 피구의 분석은 특별한 정책적 제안을 함축하고 있는데,

특히나 폐기물을 강물에 방출하는 단위당 비용을 반영하여 그것을 종이에 대한 세금으로 부과하거나, 또는 그 방출하는 비용을 회계비용에 포함시키도록 제지공장에 규제를 가하는 것이다. 스터지스 대 브리지먼의 사건에 동일한 논리를 적용하자면 가령 제과공장의 기계 운용 시간을 일정 시간 동안 제한하는 명령을 내리는 식의 결정이 나올 것이다. 이 논리는 이른바 "오염유발자 부담"(polluter pays)―비용을 유발한 사람이 해당 비용을 부담해야 한다―으로 알려져 있다.

후생경제학(welfare economics)

경제적 후생을 대상으로 하는 경제학의 한 분야. 후생경제학은 경제정책의 원리를 규정하고 어떠한 정책이 사회후생에 기여하고 어떠한 정책이 낭비와 궁핍을 초래할 것인가를 규명하는 '경제정책의 경제학'이다.

(출처: 매일경제, 매경닷컴)

외부비용(external cost)

한 경제 주체의 행위가 시장을 통하지도 않고 값을 지급하지 않고도 다른 경제 주체의 경제적 성과에 불이익을 주는 현상.

(출처: 국립국어원 우리말샘)

코스는 앞에 언급된 내용 대신에 문제를 다루는 최소비용의 방식이 무엇인지에 대해 질문을 하고, 해당 문제를 자원 사용을 둘러싼 갈등의 문제로 평가하면서 그러한 문제들을 다른 각도에서 바라보았다. 문제에 대한 이러한 식의 사고방식은 해당 문제의 재산권의 기원(origins)을 확인하는 것이다. 피구는 암묵적으로 "비오염유발자"는 이 손해로부터 자유로울 수 있는 권리를 갖는다고 가정한 반면에, 코스는 그러한 경우에 재산권 정의가 필연적으로 분명하지 않으며, 거래비용이 재산권을 정의하고 집행하는 능력을 제한한다는 것을 인식했다.

누가 비용을 부담할 것인가?

사회적 비용의 문제를 다루는 접근법에서 코스가 보이는 또 다른 차이점은 외부비용의 문제를 상호 간(reciprocal)의 문제로 본다는 점이다. 피구의 분석에서는, 제지공장이 폐기물을 방출하고 제과공장이 소음을 유발하는데, 이러한 행동은 타인들에게 비용을 부담시킨다. 코스는 이런 틀에서 문제를 다루는 것은 완전하지 않다고 주장했다. 왜냐하면, 그렇게 되면 재산권이 충분하게 잘 정의되지 않은 상황에서 공유자원을 서로 달리 이용하는 것이기에 당사자들 모두가 각자 타인들에게 비용을 부담시킨다는 사실을 놓친다는 것이다. 제지공장은 폐기물 처리를 위해 강을 이용하고자 하는 반면에, 카약을 하는 사람은 레크리에이션을 위해 쾌적하고 깨끗한 강을 원한다. 사회적 비용 문제의 핵심은 재산권에 대한 분쟁이다. "코스에게 있어 자연 자원과 환경 보호의 문제는 전형적으로 이들 상충하는 이해들의 균형을 맞출 필요가 있을 때 발생하는 문제들이다. 한 행위자 혹은 행위자 집단이 '외부성'의 '희생자'냐 아니면 '가해자'냐 하는 것은 근본적으로 누가 관련 행위를 할 수 있는 권리를 가지고 있느냐의 문제이며 그들이 그러한 권리를 보상을 받고 거래할 의사가 있느냐의 문제이다"(Pennington 2015: 95). 소유권이 확실하지 않으면 조정은 어려워지고 가치 있는 자원은 낭비된다. 강을 소유한 소유자가 없기에, 오염물질을 방류하는 제지공장은 자신이 유발한 비용을 치르지 않는다. 그렇기에 해당 자원을 어디에 사용하는 것이 가장 가치 있는 것인지 확인될 수 있는 자원 사용에 대한 협상이 일어나지 않는다. 종이 생산에서 발생하는 해로운 영향이 맑은 물을 망칠 수도 있다—비록 맑은 물이 훨씬 더 큰 사회적 가치를 갖고 있다고 해도 그렇다.

  계속해서 제지공장과 강물 처리 시설에 대해 살펴보자. 양당사자는 서로를 확인할 수 있고 또 각자 강물의 이용에 있어 이해가 상충하고 있으므로, 그들이 함께 모여 강물의 이용과 관련하여 서로의 이해를 조율하기 위한 상호 합의할 수 있는 방식을 발견해 낼 수 있다. 협상하는 과정에서 그들은 자신들이 할 수 있는 일련의 방식들을 확인하게 되는데, 아마도 그 가운데 하나는 다른 것들에 비해 비용이 덜 드는 것이 될 것이다. 그들이 폐기물을 처리하는 가장 좋은 방식은 제지공장에 새로운 필터를 설치하는 것이라고 결정했다고 가정해보자. 코스는 협상이야말로 당사자들로 하여금 그러한 비용을 감소시키는 가장 저렴한 방식을 배우고 발견하며 혁신을 통해 창조해 낼 수 있도록 하는 과정이라고 주장했다. 그에 반해서 피구식 접근법은 정확한 최적의 종이 생산량을 이끌어내기 위해 부과하는 세금을 정확히 산정하기에 충분한 관련 비용과 효용을 규제자가 알고 있다고 가정한다. 그런 가정은, 나중에 피구 스스로도 인정했듯이, 비현실적이다.

피해를 다루는 최선의 방식이 파악되고 나면 이후에 이어지는 질문은 당연히 누가 그 필터 비용을 지불할 것인가가 된다. 즉, 강물 처리 시설인가 아니면 제지공장인가? 만일 법이 재산권을 확립하고 있다면, 해답은 분명하다. 만일 제지공장이 오염을 시킬 권리를 가지고 있다면, 강물 처리 시설이 비용을 부담해야 할 것이다. 만일 강물 처리 시설이 강물을 소유하고 있다면, 제지공장이 비용을 부담해야 할 것이다. 만일 오염을 멈추게 하는 비용이 오염을 계속 허용함으로써 얻게 되는 가치보다 적다면 양 당사자는 이렇게 해결해 나가는 데 협조할 동기를 갖게 된다. 결정적으로, 이것이 또한 사회적 이익—즉, 효용이 비용을 초과한다—을 위한 요건이기도 하다.

거래비용이 갈등 해결에 미치는 영향

코스는 의사결정이 분권화되어 있는, 다시 말해 재산권이 정의되어 있지 않은 곳이나 거래비용이 효율적인 협상을 방해하는 상황에서는 위와 같은 간단한 해결책이 전개될 수 없을 것이라는 점에 주목했다. 그러한 상황에서는 가령 제지공장으로 하여금 필터를 설치하도록 규제 명령을 하달하는 식의 피구식 정책이 더 나을 수도 있을 것이다. 하지만 시장 협상도 규제적 접근법도 결코 공짜는 아니다. 관련 자원의 가치가 극대화되도록 사회적 협력을 촉진하는 능력이라는 면에서 두 가지 접근법은 비교되고 대비되어야 한다. 우리는 코스식 협상을 당사자 간 권리의 상호 호혜적 이전을 협상하는 지식창출 과정(knowledge-generating process)으로 생각할 수 있다.

코스의 통찰력은 거래비용과 재산권을 정의하고 집행하는

비용—재산권을 정의하는 것이 불가능할 정도로 비용이 많이 들거나 집행이 가능하지 않게 되면(말하자면 공기 오염처럼) 권리를 이전하기 위한 협상은 일어날 수 없다—을 연결시켰던 초기 작업에 기반하고 있다. 재산권을 정의하고 집행하는 비용은 거래비용의 범주에 포함된다. 거래비용이 낮은 상황에서는 복리를 증진시키는 협상을 쉽게 볼 수 있는 반면, 높은 거래비용은 그런 갈등의 해결을 방해할 것이다. 코스가 여타 다른 이유에서 논의하고 있는 피구식의 한 가지 사례—19세기 시골 지역을 관통하는 철도의 운영 사례—가 거래비용의 문제점(challenge)을 보여주고 있다. 철도회사가 토지를 매입하고 석탄 증기기관차가 견인하는 기차가 달리는 철도망을 건설했다. 그런데, 기관차에서 석탄을 태우므로 그 불꽃이 튀어 인접 농작물이나 숲에 불이 옮겨붙을 수 있다. 미국의 대륙횡단 열차 같은 상황에서는 철도회사는 수천 마일 이상 운행하므로 수천 명의 서로 다른 농부들이 소유하고 있는 토지로 불꽃이 튈 수 있다. 이러한 상황 및 이와 유사한 상황이 무시할 수 없는 거래비용의 문제를 보여주는 것으로, 이는 자원 이용에 있어서 갈등이 존재하는 곳이면 거의 통상적으로 나타나는 문제이다.

철도회사가 불꽃을 방출할 권리 및 농부들의 농작물이 해를 입지 않을 권리와 관련하여 농부들이 철도회사와 협상을 하기 위해서는 영향을 받는 모든 농부들의 이해가 대표될 수 있도록 농부들이 함께 모여야만 할 것이다. 다른 말로 하면, 거래비용이 매우 높다는 것이다. 이와 같은 상황에서, 법원은 어느 쪽 당사자가 발생한 손해에 대해 책임이 있는지를 결정하고, 필요한 경우 보상할 것을 명령한다. 사회적 비용에 대한 코스의 저술에서 매우 중요한 한 가지 테마는 거래비용이 도처에 편재(遍在)해 있다(pervasive)는 점이다. 거래비용의 이러한 편재성(pervasiveness)과 법원의 결정이 효율적인 결과의 달성과 당사자들 간의 이윤 분배에 중요한 영향을 미친다는 점에서 법원은 중요한 제도이다. 코스가 노벨상 수상식 연설에서 강조했듯이, 법은 재산권을 명확하게 하는 활동을 할 수 있는 제도이다.

우리가 거래비용이 0인 체제에서 거래비용이 양(+)인 체제로 넘어가게 되면, 이 신세계에서는 법적 시스템이 결정적으로 중요하다는 점이 즉각적으로 분명해집니다. 본인은 "사회적 비용의 문제"에서 시장에서 거래되는 것은, 경제학자들이 종종 그런 가정을 하지만, 물리적 개체들(entities)이 아니라, 어떠한 행동을 수행할 수 있는 권리이며, 개인들이 소유하고 있는 이 권리는 법적 시스템에 의해 세워진 것이라는 점을 설명했습니다. 거래비용이 0인 가상의 세계에서는 생산하는 것의 가치를 높이기 위해 필요한 단계들을 밟지 못하도록 방해하는 법이 있다면 거래 당사자들은 법 규정(provision)을 변경하기 위해 협상을 벌일 것이라고 상상할 수 있는 반면에, 거래비용이 양(+)인 현실 세계에서는 비록 법을 우회하는 협상(contracting around the law)이 허용된다고 할지라도 그러한 방법은 극단적으로 비용이 많이 들고 이윤이 남지 않을 것입니다.(1992: 717)

편재성(pervasiveness)
사물 또는 장소의 모든 부분에 존재하고 눈에 띄는 사실

(출처: 케임브리지 사전)

그런데, 법원은 정보의 문제를 안고 있다. 법원은 어떤 당사자가 최소의 비용으로 피해를 회피할 수 있는지 확인하기 위해 필요한 모든 지식을 갖고 있지는 못하며, 바로 이것이 거래비용이 결과물에 영향을 미치는 하나의 이유이다. 거래비용이 낮은 곳에서는 만일 법원이 권리와 책임의 최적 할당을 제대로 하지 못하게 되면 당사자들이 권리들을 재조정하기 위해 그 권리들을 교환하는 협상을 할 수 있다(코스의 어법에 따르면 "법을 우회하는 협상"). 그렇지만, 양(+)의 (그리고 아주 높은) 거래비용이 존재하는 상황에서는 법

원이 권리와 책임을 할당하면 이 할당은 당사자들이 효율적인 결과물을 달성하지 못하도록 방해한다. 왜냐하면, 거래비용이 그 권리와 책임들을 교환하는 협상을 하지 못하도록 방해하기 때문이다(Pennington, 2015: 97). 농부와 철도회사 간 사례에서, 만일 법원이 불꽃을 방출할 권리를 철도회사에 할당하고 그로 인해 농부들이 부담해야 하는 비용이 그들이 철도로부터 얻는 효용보다 높다면, 철도회사가 불꽃 방출을 덜 하도록 하는 비용을 농부들이 부담하는 것이 효율적일 수 있다. 하지만 농부들의 비용이 얼마나 되는지를 파악하고 철도회사와의 협상에 나서기 위해서는 농부들을 조직해야 하는데 이를 위한 높은 거래비용이 갈등 해결을 위한 권리의 이전을 방해할 것이다.

코스 정리(Coase Theorem)

코스는 거래비용의 편재성에 초점을 맞춘 반면에, 그의 동료인 스티글러(George Stigler)는 코스의 강조점을 달리 해석했다(Posner, 2017). 스티글러는 자신이 "코스 정리"라고 명명한 것을 이렇게 설명했다: 만일 거래비용이 0이라면, 법적 책임의 특정한 할당이나 재산권의 정의가 비록 그것이 현실에서 실현되는 비용과 효용의 배분을 변경시킬지라도 가장 효율적인 결과물을 달성할 수 있는 당사자들의 능력을 변경시키지는 않는다. 거래비용이 전혀 없는 상황에서 재산권에 대한 정확한 정의는 권리들의 효율적인 배분과 자원의 효율적 이용을 발견해 내는 당사자들의 능력에는 영향을 미치지 않는다. 그러한 상황에서는 재산권에 대한 특정 정의가 미치게 되는 유일한 영향은 가장 효율적인 결과물을 달성하는 능력에 대해서가 아니라 비용과 효용의 배분에 대해서이다. 제지공장과 강물 처리 시설의 사례를 들어 설명하자면, 만일 제지공장이 필터를 설치하는 것이 효율적인 결과물이고, 또 만일 양자 모두 거래비용에 직면하지 않는다면, 협상을 통해 효율적인 결과물을 발견하는 것은 아주 쉽고도 비용이 전혀 들지 않는 일이다. 이 경우에 권리와 책임에 관해 법원이 정의해야 할 것은 제지공장이 설치하는 필터의 비용을 누가 지불하느냐를 결정하는 일이다.

비록 스티글러의 코스 정리가 과거 40여 년 이상 상당한 관심을 받아왔지만, 그것은 오히려 거래비용이 도처에 편재하고 있고 종종 상호 호혜적인 교환을 방해하기에 충분한 정도로 높다는 바로 그 이유 때문에 법원과 판례가 중요하다고 한 코스의 지적을 놓치고 있다. "이른바 코스 정리"(McCloskey, 1998)는 또 코스의 강조점이 거래비용이 0이라고 가정하는 이상적인 모델이 아니라, 양(+)

의 거래비용이 존재하는 상황에서 갈등의 문제를 해결하기 위해 조정(coordination)을 통해 적합한 제도적 틀을 만들어내야만 하는 현실 세계의 사정들에 놓여 있다는 점도 놓치고 있다. 비록 코스 정리가 구체적인 이론적 기준점(benchmark)을 제공하고는 있지만, 비현실적으로 거래비용 0이라는 것에 초점을 맞춘 것은 코스가 그토록 비판했던 "블랙 보드(Blackboard) 경제학"과 매우 가깝다.

블랙 보드(Blackboard) 경제학

젊었을 때 사회주의에 심취했던 코스는 런던정치경제대(LSE)에서 경제학을 배우면서 '시장경제와 가격을 통한 자원배분' 원리에 심취하였다. 그가 보기엔 경제이론은 가상적 세계를 다루면서 현실과는 괴리되어 있었고, 따라서 그는 '칠판 경제학'과 현실 사이의 간극을 채우기 위한 연구에 매진하였다. 그 간극의 대표적인 것이 기업이었다.

(출처: [도전과 응전의 경제학] 로널드 코스 '거래비용' 이론으로 기업의 본질 설명, 매일경제, 2020.06.03.)

경제학과 법학의 만남

"사회적 비용의 문제"는 경제학 분야에서 가장 영향력 있고 광범위하게 인용된 논문 가운데 하나이며, 그 영향력은 경제학을 넘어 법학에까지 미치고 있다. 코스 스스로는 자신의 분석이 광범위하게 적용될 수 있다는 사실을 알지는 못했고, 단지 자신의 생각을 피구의 외부성 이론을 비판하는 데 적용하는 일에만 집중했었다.

> 이 논문을 쓰면서 나는 그러한 전반적인(general) 목적을 염두에 두지는 않았었다는 사실을 덧붙이지 않을 수 없다. 나는 경제학자들에 의해 일반적으로 수용되는 분석인 사적 생산물과 사회적 생산물 간의 차이(divergence)에 대한 피구의 분석의 취약점을 드러내 보이고 있다고 생각했으며, 그것이 전부였다. 나중에, 부분적으로는 1960년대에 청(Steven Cheung)과 나눈 대화 끝에 그 논문에서 내가 쓴 내용이 경제학 이론에서 차지하는 전반적인 중요성과 또 앞으로 더 연구될 필요가 있는 것은 무엇인지 보다 분명하게 인식하게 되었다.(1992: 717)

코스가 발전시킨 사고는 법경제학(Law and Economics)이라는 새로운 분야의 기초가 되었고, 1970년대 등장하게 되는 법경제학과 재산권 경제학 분야에서의 연구 주제들을 창출해 냈다. 또한, 이 사고는 명령과 통제를 통한 규제 혹은 피구식 과세가 아닌 다른 정책적 대안을 고려하는 데 긴요한 풍부한 이론적 틀을 제공함으로써 환경 및 자연 자원 경제학 분야에도 영향을 미쳤다.

거래비용의 편재성은 재산권을 정의하기 어렵게 만들며, 따라서 집단들이 자원을 공동으로 이용하면서 어떻게 하면 그것을 가장 잘 이용하는 것인지 파악해야만 하는 자원과 상황들이 존재한다. 오스트롬(Elinor Ostrom)은 공유자원이 있는 상황에 대한 비교 제도적 분석을 처음으로 시도하였으며, 그녀는 이 공로로 2009년 노벨 경제학상을 수상했다. 오스트롬이 1990년에 저술한 책 『공유의 비극을 넘어』(Governing the Commons)에서 분석했던 상황은 관개수로망이 있는 농촌 마을을 사례로 들었다. 만일 개인이 우물을 파고 자체 수로를 만드는 것이 개인적으로 너무 많은 비용이 들고 또 실행 가능하지도 않다면, 그 마을에 사는 주민들은 공유 수로망이라고 하는 대안적 방식으로부터 효용을 얻을 것이다. 그런데 공유 수로망에서 마을 주민들은 각자 가능한 한 많은 물을 자신의 농지로 끌어오고자 하는 동기를 갖는 문제에 봉착하며, 이는 수로망이 공유자원이기에 그것을 부족하게 만들고 낭비하게 만들 수 있다. 오스트롬은 이런 동기 문제의 근본적 원인이 제대로 정의되지 않은(불완전하게 정의된) 재산권에 있다고 보았다. 오스트롬은 광범위한 현장 연구와 데이터를 게임이론(관개수로 상황은 죄수의 딜레마의 한 사례이다. 즉, 한 집단에 속해 있는 개인들은—타인을 희생시키면서―자기 자신의 이해만을 고려하여 행동을 선택하지만, 이는 모두에게 최선의 결과물을 가져다주지 않는다)과 결합시킴으로써 주민들이 공유자원 이용권(use rights) 시스템을 개발함으로써 전반적으로 "공유지의 비극"을 회피―결핍과 낭비를 회피―할 수 있는 제도적 틀을 발전시켜 나간다는 점을 발견했다. 그들은 자원을 가능한 최선으로 이용하도록 하기 위해 거버넌스(Governance)를 이용한다. 이 비교 제도 분석 분야는 코스의 업적인 제도 및 거래비용이라고 하는 기반 위에 세워진 것이며, 사람들이 실제로 어떻게 거래를 처리하고 어떻게 갈등을 줄여나가는지, 그리고 그 결과 어떻게 복리를 증진시키는 거버넌스를 발전시켜 나가는지를 검토했던 코스의 접근법을 적용한 것이다.

3장
주파수를 확보하라!

> 확실한 것은, 어떤 특정 주파수를 경찰에서, 아니면 무선전화에서, 아니면 택시 서비스에서, 아니면 지구물리학적 탐사를 하는 정유회사에서, 아니면 영화배우들과 연락을 취해야 하는 영화사에서, 아니면 방송국에서 사용하도록 할 것인지를 결정하는 데 정상적인 가격 메커니즘이 아닌 연방통신위원회에 의존해야만 한다고 하는 이유가 무엇인지 분명하지 않다는 점이다. 실제로 이렇게 다양한 용도로 이용될 수 있는 다양성(multiplicity)이야말로 가격 메커니즘에 의존함으로써 얻는 이점이 이 경우에 특별히 클 것이라는 사실을 알려 준다고 할 것이다.
>
> −코스(Coase, 1959), p.16

스펙트럼 관리를 어떻게 할 것인가?

우리는 라디오, 텔레비전, 무선 인터넷, 네비게이션 및 여타 많은 기기들을 사용하기 위해 전자기파 스펙트럼(electromagnetic radio spectrum)을 이용한다. 1990년대 이후 우리의 삶을 크게 향상시켜 온 이 스펙트럼의 혁신적 이용은 부분적으로는 코스의 업적에 깊은 뿌리를 둔 정책 변화에 기인하고 있다. 제도, 재산권 및 거래비용에 관한 코스의 사고를 정책에 적용한 중요한 사례로는 스펙트럼 허가 경매제도를 이용하여 전파 스펙트럼을 배분한 것을 들 수 있다. 더 정확하게 말하자면, 코스의 업적이 전파 스펙트럼의 배분을 관료적 배분이 아닌 시장친화적(market-based) 배분으로 이끌었으며, 이 허가증에 포함되어 있는 재산권의 자유화로 이끌었다. 그리고 이 자유화가 광범위한 혁신과 다양한 시장의 등장을 가능하게 했다.

전파(radio waves)는 일정 범위의 주파수―메가헤르츠(MHz)나 1초당 수백만 사이클로 측정된다―를 가진 전자기파다. 전파 "스펙트럼"은 이 주파수들의 집합(set)이다. 스펙트럼에서 각기 다른 파장을 가진 각각의 부분들은 각기 다른 용도에 적합하며, 이에 따라 라디오 방송, 단파 라디오, 텔레비전, 이동통신, 무선 인터넷, GPS 등등의 용도로 분할되어 있다. 만일 다수의 사용자가 서로 근접해 있으면서 동일한 주파수(예를 들어, 두 명의 FM 라디오 운영자가 93.1MHz로 방송을 하는 경우)를 사용하고자 한다면, 그들 사이에 전파 방해가 발생하여 모두가 방송에 지장을 받고, 주파수가 최선으로 이용되지 못하게 될 것이다. 이러한 방해를 피하기 위해서는 전파 스펙트럼 이용자는 주파수와 주파수 사이에 충분한 공간을 두어야만 한다. 20세기 초반 라디오 방송이 시작된 이후 새로운 기술들이 이 전파 방해 문제를 급진적으로 변화시켰고, 통신 관련 새로운 기회들을 끊임없이 창출하고 있지만, 동시에 갈등으로 이어지는 새로운 수요들(demands)도 생겨나고 있다.

스펙트럼을 상업적으로 이용하기 시작한 것은 20세기로 전환되던 시기로 선박과 선박, 그리고 선박과 해안 사이의 통신에 이용되었다. 1912년 해상 안전에 관한 관심들이 커졌고 이는 무선국들(radio stations)로 하여금 연방 상무성이 발행하는 허가증을 소지하도록 하는 법안으로 이어졌다. 1920년대 들어 방송이 시작되면서 스펙트럼의 희소성이 문제가 되었다(Hazlett, 1990). 스펙트럼의 관리를 어떻게 할 것인가를 두고 정치적 갈등이 생겼다(가장 충격적이었던 것은 해군이 자신들의 통제하에 정부 독점으로 할 것을 주장한 일이다). 의회는 1927년 2월 연방전파위원회(FRC: Federal Radio Commission)를 설립하는 법안을 통과시켰다. 이 연방전파위원회가 "공공의 이해, 필요성 또는 편의성"에 기반하여 허가증을 발급했다(Coase, 1959: 14).

로또가 되어버린 주파수 분배

1934년 연방통신위원회(FCC: Federal Communications Commission)가 새로 설립되었고, 연방전파위원회의 규제 권한은 이 신설된 기관으로 이관되었다. 이 연방통신위원회가 오늘날까지 미국의 라디오, 텔레비전, 유선, 위성 및 케이블 통신을 규제하고 있다. 1927년부터 1981년 사이에는 연방전파위원회/연방통신위원회가 공공 이해 비교청문회(comparative public interest hearings)라는 제도를 통해 허가증을 발급했었다. 이때 허가증을 발급하는 과정은 미국 의회 예산국의 말에 따르면 "경합 중인 지원자들의 상대적 장점을 저울질하는" 과정이었고, 통신 분야 경제학자인 헤즐릿(Thomas Hazlett)에 따르면 "사회적으로 낭비적이고 정치적으로 결정되었던"(1998: 530) 과정이었다. 연방통신위원회는 1981년에 이 청문회 제도를 무작위 추첨 방식으로 변경한다. 이로써 허가증 발급 과정이 탈정치화된 것은 맞지만, 효율적인 허가증 배분이 보장된 것은 아니었으므로 낭비적인 이권추구 과정은 여전히 계속되었다(로또를 할 때와 마찬가지로 지원자들은 자신들이 "공공 이해"를 가장 잘 반영한다는 것을 내세우기 위해 방대한 양의 서류를 제출해야만 했었다).

무작위 추첨 방식으로 변경하기 전까지는 연방통신위원회는 전파 방해를 막기 위해 어떤 한 주파수 대역폭(bandwidth)을 사용할 수 있도록 허가하는 "스펙트럼 허가증" 대신에 서비스의 종류, 기술 및 영업 모델을 지정한 특수 인가증(authorizations)을 발급했다. 그런데, 이런 결정은 허가증 소지자들 간의 경쟁을 심각하게 제한했다. 덧붙여, 수많은 잠재적 경쟁자들에게는 허가가 거부되었다. 그 결과 무선 통신 시장은 정부 규제에 의해 카르텔화되었다. 공공 이해 비교청문회를 잘 통과한 사람들에게는 상당한 이윤이 발생한 반면에, 전파 스펙트럼은 그 용량에 비해 효율적으로 이용되지 못했다. 스펙트럼에 아무런 시장도 존재하지 않았기 때문에 혁신이 일어날 수도 없었다. 신규 지원자나 네트워크는 스펙트럼의 일부를 사용할 수 있는 승인을 연방통신위원회로부터 받아야 했지만, 그들은 여지없이 기존의 운영자와 규제자들의 반대에 부딪혔고 허가는 거의 나오지 않았다. 전자 기술의 발달과 더불어 이러한 규제로 인한 사회적 부담은 시간이 지나면서 엄청나게 커졌다. 만일 기업가들이 스펙트럼 권리를 구입할 수 있었다면, 새로운 제품과 서비스를 시장에 내어놓는 무선 통신 관련 혁신들이 소비자를 향한 경쟁을 할 수 있었을 것이다. 그 대신에 이

들 새로운 가치 창출 기회들이 현실로 이루어지는 일은 가뭄에 콩 나듯이 너무나 드문 일이었다.

코스의 질문: 핵심은 재산권이다

1959년 코스는 1910년대 이후 미국에서의 전파 스펙트럼의 발전과 이용의 제도 및 역사적 배경을 설명하는 논문 "연방통신위원회"(Federal Communications Commission)를 발표했다. (앞에서 요약한 바와 같이) 그 배경을 설명한 다음, 코스는 당시에 이루어지고 있던 공공 이해 청문회 방식으로는 달성될 수 없는 목표, 즉 전파 스펙트럼으로부터 가능한 최선의 가치를 창출해 낼 수 있도록 그것을 배분하는 적합한 방식이 무엇일까라는 질문을 던진다. 정책의 목표는 스펙트럼 상의 전파 방해를 최소화하는 것이 아니라, 이 전파 방해를 관리되어야 하는 (혹은 혁신에 의해 감소되는) 하나의 제약조건으로 다루면서 스펙트럼으로부터의 산출물을 극대화하는 것이어야 한다. 왜 스펙트럼 상의 특정 부분을 이용하는 이용자에게 재산권을 정의해 주지 않고, 또 이 권리들이 거래될 수 있도록 하지 않을까? 여기서 코스는 스펙트럼 소유권을 정의하고 그것을 경매를 통해 배분하자고 제안했던 헤르젤(Leo

Herzel, 1951)의 제안을 따랐다.

코스는 반대의 주장에도 불구하고 스펙트럼의 희소성은 관료적 배분, 지속적인 규제, 또는 정부 소유 제도를 필요로 하지 않는다고 주장했다. 코스는 스펙트럼 배분 문제의 핵심이 잘못 정의된 재산권 문제에 있다는 것을 인식하고, 스펙트럼과 토지 사이의 유사성(analogies)을 밝혔다.

통상적인 경험에서도 알 수 있듯이, 토지는 정부의 규제 없이 가격 메커니즘을 통해 토지 이용자에게 배분될 수 있다……어떤 사람이 작물을 키우던 한 구획의 땅이 있는데, 다른 어떤 사람이 나타나서는 그 땅에 집을 지어버리고, 또 다른 어떤 사람이 나타나서는 그 집을 부수고 그 땅을 주차장으로 이용한다면, 그러한 상황은 의심할 여지없이 혼돈(chaos)이라고 표현하는 것이 정확할 것이다. 그런데 이런 혼돈이 민간기업과 경쟁 시스템 때문에 발생하는 것이라고 주장하는 것은 옳지 않다. 민간-기업 시스템은 자원에 대한 재산권이 창출되어 있지 않으면 제대로 작동할 수 없으며, 이 재산권은 해당 자원을 이용하고자 하는 사람이 그것을 얻기 위해서는 반드시 소유자에게 대가를 지불해야만 할 때 창출된다. 재산권이 창출되면 혼란은 사라지고, 재산권을 정의하기 위한 법적 시스템과 분쟁을 중재하기 위해 필요한 경우를 제외한다면 정부의 역할도 사라진다.
(1959: 14)

왜 시장을 이용하는가? 시장은 허가증의 기회비용을 알려주며, 이 기회비용은 현재 허가증을 소지하고 있는 사람과 허가증을 얻고자 하는 사람이 의사결정을 할 때 고려하는 요소가 된다. 주파수를 이용할 수 있는 권리가 거래되기 위해서는 재산권이 정확하게 정의되어 있지 않으면 안 된다(Coase, 1959: 25).

코스의 논문 "연방통신위원회" 제5장(Section V)은 1년 후 코스 자신이 "사회적 비용의 문제"(The Problem of Social Cost)라는 논문에서 주장하게 될 내용들을 앞서 보여주고 있다. 1년 후 주장하게 된 보다 일반적인 주장은 물론이고 스펙트럼 배분과 관련해서도 코스는 보다 명백한 재산권 정의가 자원의 이용을 둘러싼 갈등을 감소시킬 수 있다는 점을 보여주고 있다.

코스의 제안은 수십 년 동안 누구도 귀담아듣지 않았다. 그 이유는 부분적으로는 스펙트럼 허가 자체가 복잡하며, 희소한 허가증을 이미 소지하고 있는 사람들은 경쟁을 원하지 않았다는 것, 그리고 경매 규칙을 설계하고 검증하는 일이 중요한 선결 요건이었기 때문이다. 텔레비전 방송사 그리고 연방통신위원회를 감독하는 의회 위원회 지도자들은 경매제도에 대해 거세게 반대했다.

주파수를 경매에 붙이다

코스가 시장을 활용하여 스펙트럼을 배분하자고 제안하고 난 후 34년이 지나서야 의회는 비방송용(non-broadcast) 스펙트럼 허가증의 경우에 경매제도를 이용한 배분을 허용하는 법안을 통과시켰다. 가장 가치 있는 대역폭의 허가증은 "유연 용도"(flexible use) 허가증으로, 이 허가증에는 특정 용도가 명기되지 않는다. 1994년 연방통신위원회는 무작위 추첨 방식에서 경매 방식으로 스펙트럼 배분 제도를 변경했다. 각각의 허가증에는 특정 주파수와 지역이 정해져 있다. 허가증에 대한 재산권의 자유화와 경매제도를 이용한 배분의 결과, 이제는 방송전파를 어떻게 이용하고 전파 방해를 어떻게 관리해야 하는지를 시장 참가자들이 결정하게 되었다.

경매 초기에는 이동통신 주파수가 경매의 대상이었고, 네트워크 구축에 관심이 있는 이동통신 사업자들은 몇 개의 허가증에 입찰을 하게 된다. 어떤 허가증을 획득하느냐에 따라 여타 다른 허가증의 주관적 가치가 변할 수 있고, 그 변화되는 가치를 반영하여 입찰을 변경할 수 있도록 함으로써 효율적인 배분이 이루어질 수 있도록 했다. 더구나, 이것은 비교 가능한 시장이 별로 없는 새로운 시장이었기 때문에 가격을 발견하는 것이 중요했으며, 이에 따라 정보가 풍부하게 모일 수 있도록 설계된 경매제도는 가격의 발견을 용이하게 만들었다(한편 이것은 공모나 결탁도 용이하게 만들 수 있으나, 크렘튼(Cramton, 1996)에 따르면, 의미 있는 공모나 결탁의 증거는 거의 발견할 수 없었다). 몇 명의 경매 이론가들이 협업하여 이 초기 스펙트럼 경매를 위한 새로운 경매제도를 설계했는데, 이것이 "동시 다중 경매"(simultaneous multiple round auction: SMRA)제도다 (McMillan, 1994). 이 동시 다중 경매에서는 참가자들은 경매에 나온 지역과 주파수를 묶은 여러 개의 허가증 가운데 자신들이 획득하고자 원하는 몇 개의 지역과 주파수 허가증들에 동시에 입찰을 하며, 입찰의 내용은 모든 참가자들이 확인할 수 있다. 매 회(round) 입찰 시간이 정해져 있고, 여러 입찰자가 나온 허가증은 다음 회 입찰에서 그 가격이 상승한다. 모든 허가증에 대해 더 이상의 입찰자가 나오지 않을 때까지 입찰은 계속 진행된다. 여러 회에 걸쳐서 경매가 이루어지도록 하고 또 동시에 입찰을 하도록 함으로써 참가자들은 자신들이 구상하고 있는 네트워크 구축을 위한 허가증 조합을 완성하기 위해 여러 허가증들 사이를 이리저리 오가며 입찰할 수 있다.

　　동시 다중 경매 방식은 우리 경제가 디지털 경제로 전환하는 데 필요한 이동통신 네트워크를 구축할 수 있는 운영자들의 수중에 허가증이 돌아가도록 함으로써 허가증을 효과적으로 배분하는 데 성공하였다. 1994년 이후 스펙트럼 경매는 가치가 큰 새로운 상품과 서비스를 창출하였으며, 이로써 경제적 복리가 증진되고 통신회사들은 전파 스펙트럼을 혁신적으로 이용할 수 있게 됨으로써 이윤을 획득할 수 있었다. 이것은 또한 연방 정부에도 상당한 수익을 만들어 주었다(스펙트럼 허가증 재산권에 미친 코스의 영향에 대해서는 Hazlitt, Porter, and Smith, 2011 및 Hazlitt, 1990 참조).

혁신과 함께 하는 디지털 세상

동시 다중 경매에는 이른바 노출 문제(exposure problem)라고 하는 문제가 생길 수 있다. 제대로 된 네트워크를 구축하기 위해서는 여러 허가증들이 서로 보완적인 성격을 가질 수밖에 없는데, 경매가 끝났을 때 어떤 운영자는 사업을 제대로 하기 위해서는 반드시 갖춰야 할 몇몇 허가증을 획득하지 못할 수도 있다. 이런 보완성은 허가증이 상호의존적 가치를 지닌다는 것을 의미한다. 2006년에 오스빌, 크렘튼 및 밀그롬(Ausubel, Cramton, and Milgrom, 2006)은 경매 참가자들로 하여금 이러한 보완성을 고려하고 또 동시 다중 경매의 유익한 특성들을 유지하면서도 노출 문제를 감소시키는 무기명 블록 경매(combinatorial clock auction)제도를 소개했다. 현재 세계적으로 광범위하게 사용되고 있는 경매제도는 수정된 무기명 블록 경매제도다(Milgrom, 2019: 392).

1959년에 행한 분석에서 코스는 경매 이론이나 시장 설계에 대한 특정 세부 사항들을 다루지는 않았다. 오히려, 그는 기존의 허가증 배분 방식에 대해 자세한 제도적 설명과 분석을 하였고, 그런 제도적 방식에서 발생하는 경제적 복리의 손실을 확인하면서 다음과 같은 믿을 수 없을 정도로 간단한 질문을 하였다. 스펙트럼 상의 서로 다른 주파수 대역에 대한 권리를 배분하는 데에 왜 시장을 이용하지 않을까? 그는 정부가 스펙트럼 배분을 계획하는 것은 불필요하며, 서로 경쟁하는 시장 참가자들에게 수여되는 유연한 권리들이 훨씬 좋은 접근 방식이라고 주장했다. 오늘날 우리가 살고 있는 디지털 세상은 부분적으로는 경쟁적인 스펙트럼 허가증 경매에 의해 촉발된 혁신을 기반으로 형성된 것이다.

4장
오염의 배출 권리도 거래한다

생산요소를 권리로 생각하게 되면, (가령 연기, 소음, 냄새 등등이 나오는 것과 같이) 해로운 효과를 갖는 어떤 일을 할 수 있는 권리 또한 하나의 생산요소라는 점을 보다 쉽게 이해하게 된다.……권리를 행사하는(생산요소를 이용하는) 비용은 언제나 그 권리를 행사한 결과 다른 곳에서 겪게 되는 손실이다-땅을 가로지르지 못하고, 차를 주차하지 못하며, 집을 짓지 못하고, 조망이 차단되고, 평화롭고 조용한 시간을 갖지 못하거나 깨끗한 공기를 마시지 못하는 일 등이 그렇다.
-코스(Coase, 1960), p.44

공기 오염과 대기청정법

　　　　　　코스의 업적 가운데 가장 영향력이 큰 세 가지는 "기업의 본질", "연방통신위원회" 및 "사회적 비용의 문제"인데, 이 세 가지는 함께 재산권과 거래비용 간의 관계 및 이 관계가 갖는 제도적 함의에 관한 일관성 있는 이론을 창조했다. 거래비용, 즉 재산권을 정의하는 비용은 동기를 구성하며 자원의 이용을 어떻게 조직해야 하는가를 보여준다. 앞 장에서 언급했던 스펙트럼 허가증 경매 사례가 보여주듯이, 이러한 사고는 비록 그것이 실행되기까지는 수십 년이 걸렸지만 중요한 정책적 함의를 지니고 있다. 공기 오염을 줄이기 위해 미국에서 배출권 거래제(emission permit trading)를 이용하게 된 것은 또 다른 사례이다. 이것도 마찬가지로 장기간에 걸쳐 커다란 긍정적 효과를 내고 있다. 배출권 거래 프로그램의 설계(design)는 몇 가지 코스식 특성들, 특히 거래비용을 줄이기 위한 제도 설계에 강조점이 있다.

　　1970년 미국 의회는 대기청정법(CAA: Clean Air Act)을 통과시키고 특정 오염물 배출에 대한 규제 기준을 만들었다. 특정 대기 중 오존 농도 기준(NAAQS)을 충족시키기 위해서는 지리적 제한(geographic areas)이 충족되어야 하며, 배출원(排出源)인 기업들은 배출 비율(emission rate)에 대한 제한 및 생산 과정에서 사용될 수 있는 특정 기술에 대한 규제에 직면했다. 대기청정법에 의해 규제되는 "기준 오염물질" 중 하나는 이산화황(SO_2)이었는데, 이것은 주로 발전소에서 전기를 생산하기 위해 석탄을 연소시킬 때 배출되었다. 공기 중의 이산화황이 물과 결합하면 황산(sulfuric acid)이 되고, 산성비가 내리면 수중 생물, 나무와 건물에 해를 입힌다. 공기 중의 이산화황은 또 호흡기 질환도 유발하며 이는 의료 비용도 초래한다. 대기청정법 규제는 발전소 소유자들로 하여금 자기 지역의 이산화황 배출을 줄이기 위해 아주 높은 굴뚝을 건설하도록 만들었고, 이렇게 높은 굴뚝을 통해 배출된 이산화황은 제트기류로 들어가서는 다른 지역으로 이동하게 되어 그곳에 산성비를 뿌리고 해를 입혔다. 이처럼 대기청정법 규제는 이산화황 배출 관련 피해를 줄이지 못한 채 피해가 다른 지역으로 옮겨가도록 만들었으며, 많은 지역이 계속해서 대기청정법에 정해진 공기의 질 기준을 충족시키지 못하게 했다. 환경 정책을 연구하는 경제학자들은 다른 접근법을 제안했다.

혁신적인 접근법: 배출권 거래 시스템

이 다른 접근법이 배출권 거래제이다.

배출권 거래제는 1970년대 중반 환경보호국(EPA: Environmental Protection Agency)이 만든 "네팅(netting)" 프로그램을 기반으로 수립된 것으로, 만일 어떤 지역에 있는 기업이 해당 지역의 기존 배출원으로부터 배출권(emission credits)을 구매하게 되면 그 지역에서 새로 이산화황 배출을 허용하는 제도이다. 그런데, 이 프로그램에는 상당히 많은 관료적 요구 사항들이 포함되어 있었고, 이는 높은 거래비용을 발생시켰다(Tientenberg, 2010: 362). 환경보호국은 경제학자들과 더불어 이산화황 배출권 또는 배출허가증 시장을 설계하는 작업을 하였다. 이 새로운 시장의 설계는 대기청정법 개정안(CAAA: Clean Air Act Amendments)을 논의하는 과정의 일부이기도 했는데, 1990년에 의회를 통과한 이 개정안은 환경보호국에 배출권 시장의 설계와 관리의 권한을 부여했다. 대기청정법 개정안의 제4장은 이산화황의 배출 수준을 1980년 기준 10년 내에 1,000만 톤 감축한다는 목표하에 두 단계의 5년 단위 실행계획을 세웠다(1985년 미국에서 이산화황 배출의 약 70퍼센트는 발전소(electricity generation)에서 발생했고, 그 가운데 96퍼센트는 석탄화력발전소에서 발생했다).

네팅(netting) 프로그램

EPA는 NSR(New Source Review) 허가 프로그램[미국 의회가 청정 대기법(Clean Air Act)에 대한 일련의 개정의 일환으로 만든 허가 절차]이 기존 대기 오염원에서 제안된 프로젝트에 적용되는지 여부를 평가하는 프로세스를 명확하게 하고 있다. 이 프로세스를 프로젝트 배출량 회계(이전에는 네팅(netting) 프로그램이라고 함)라고 한다.

(출처: EPA)

    환경보호국 산성비 프로그램이라 명명된 이 프로그램의 설계에는 상당한 정도의 협상과 실행계획이 매우 상세하게 되어 있었다. 가장 필수적인 설계 세부사항에 초점을 맞춰 보면 코스의 사고가 이 프로그램의 설계와 궁극적인 성공 여부에 얼마나 중요한 역할을 하였는지를 알 수 있다. 이 산성비 프로그램은 몇 가지 혁신적인 특성들을 포함하고 있다(Stavins, 1998; Ellerman et al., 2000 및 Sander, 2012 참조). 대기청정법 개정안은 이산화황의 배출에 있어 개별 배출원의 배출률이나 기술보다는 국가 전체 이산화황의 배출량에 초점을 맞추고 있다. 그것은 2000년에 목표를 달성한다는 배출 감축 기간을 제시했다. 더 많은 감축을 하기 위해 (배출) 총량 또는 (배출) 한도가 시간의 경과에 따라 낮아지도록 했다. 제1단계 5개년 계획(1990년~1995년)에서는, 가장 큰 263개의 이산화황 배출 석탄화력발전소들로 하여금 매년 자신들의 연간 배출량을 감축할 것을 요구하고 있다. 제2단계 5개년 계획에서는 화석연료를 사용하는 거의 모든 발전소들이 국가 배출량 한도의 적용을 받았다. 환경보호국은 각 발전소가 배출할 수 있는 배출량을 결정하기 위해 하나의 공식을 사용했으며, 각 발전소는 과거의 배출률에 기반하여 배출 허가를 받았다(그래서 배출 허용량 배분에 영향을 미치기 위해 현재의 배출량을 조작할 수 없었다).

  1단계와 2단계 요구조건을 충족시키기 위한 메커니즘이 바로 배출권 거래였다. 사업장들은 배출권을 소유해야만 배출이 허용되는데, 배출권 1장은 그 허가권을 소유하고 있는 소유자에게 허가가 발급된 해 혹은 그 이후 몇 년까지 이산화황 배출을 1톤까지 할 수 있도록 허용하였다. 만일 연간 배출량이 허용 배출량을 초과하면, 해당 사업장은 다음 세 가지 선택지 중에서 선택을 해야 한다. 즉, 해당 사업장이 이미 보유하고 있던 배출권을 사용하던가, 배출을 줄이던가, 아니면 배출권을 새로 구매하는 것이 그것이다. 만일 배출량이 허용 배출량을 밑돌면, 사업장은 그 차이만큼 배출권을 판매할 수 있다. 시간이 흘러 매년 발급되는 배출권의 숫자가 감소하면 배출 한도 자체를 축소시켜 배출이 감축되도록 한다. 이러한 "한도 및 거래"(cap-and-trade) 시스템은 사업장들에게 이산화황 배출을 감축하기 위한 가장 저렴한 방법을 찾는 동기를 부여했다.

참가자들은 환경보호국이 시카고 상품거래소(Chicago Board of Trade)에 만든 연간 경매 시장을 통해 배출권을 거래할 수 있었다. 발전소들만이 이 배출권 시장에 참가할 수 있는 유일한 참가자는 아니었다. 미래에 가격이 상승할 것을 예상하는 브로커들도 배출권을 구매하고 나중에 판매할 수 있었고, 환경단체들도 그것을 구매하고 소지할 수 있었는데, 이들 환경단체들이 소지하는 배출권은 그만큼의 이산화황이 배출되지 않도록 작용하였을 것이다. 이 프로그램에는 또한 자발적 참여 옵션(option)도 있었다. 덧붙여, 몇몇 배출권은 매년 "수익 중립적"(revenue-neutral) 경매를 통해 사업장들에 경매되었다.

잘 정의된 재산권과 낮은 거래비용이 주는 한 가지 측면은 기술을 이용한다는 점이다. 환경보호국은 지속적인 배출 감시 시스템을 개발해서 그것을 산성비 프로그램에서 운용했는데, 이는 배출 감시 시스템에 들어와 있는 전체 사업장들을 감시할 수 있게 해주었다. 감시 비용을 절감하기 위해 기술을 이용함으로써 (그리고 배출권을 초과하는 모든 배출에 대해 톤당 2,000달러의 벌금을 부과함으로써) 코스가 "사회적 비용의 문제"에서 이용했던 사례와 일치하는 방식으로의 거래가 촉발되었다.

배출권도 하나의 자산이다

프로그램 설계에서 시장이 우위를 점하도록 한 것은 코스의 사고, 특히 그가 스펙트럼 허가증 경매에서 했던 주장이 반영된 것이다. 재산권을 분명하게 하고 그것이 시장에서 이전이 가능하도록 함으로써 관료적 과정을 통해 배출권의 가치가 추정되는 것이 아니라, 그것의 진정한 가치를 시장에서 발견하는 것이 가능해졌다. 이는 분권화된 과정을 형성하며, 이를 통해 배출권은 가장 가치 있는 사용처 및 사용자에게 돌아간다.

> 산성비를 감축시키는 데에는 두 가지의 정책 선택지가 있었다. 명령과 통제냐 아니면 유연한 메커니즘이냐가 그것이다……유연한 메커니즘은 조세 및/또는 보조금, 혹은 배출권 거래와 같은 무언가 보다 역동적인 것, 다시 말해 "한도 및 거래"로 구성되었다. 배출권 거래 개념은……로널드 코스의 사회적 비용 이론(데일스 (J.H. Dales)에 의해 완전히 또렷해진 이론)에 그 뿌리를 두고 있다.(Sandor, 2012: 206)

스펙트럼 허가증에서와 마찬가지로 여기에서도 배출권은 재산권이라기보다는 이용권에 가깝지만, 가치를 발견하고 창출하기 위한 본질적인 특성은 권리가 이전 가능하다는 점에 있으며, 이에 따라 규제의 초점이 무엇을 충족시켜야 한다는 요구조건으로부터 자산이라고 하는 관점으로 옮겨가게 되었다.

배출권을 하나의 자산으로 생각한다는 것은 산성비 프로그램의 또 다른 중요한 특성을 드러내 보인다. 장래에 사용하기 위해 배출권을 비축해 놓을 수 있다는 것은 배출권 소유자의 동기에 상당한 영향을 미쳤다. 배출권과 관련해서 세 가지 선택지가 존재했다. 그것을 사용하는 것, 판매하는 것, 혹은 그것을 비축해 놓는 것이 그것이다. 이러한 명백한 선택에 직면하게 되면 사업장은 배출권의 기회비용을 생각하지 않을 수 없다. 왜냐하면, 해당 사업장은 세 가지 선택지 각각에서 배출권의 가치가 얼마인지를 생각하지 않을 수 없고, 가장 가치 있다고 생각되는 선택지를 선택할 것이기 때문이다. 각기 다른 사업장들은 이 선택지들을 각기 다르게 판단한다. 다른 말로 표현하면, 그들의 기회비용은 주관적이며, 시장 제도와 결합된 이러한 다양성은 배출권이 상호 호혜적으로 교환될 수 있도록 했다. 이산화황의 배출 감축과 관련해서 보자면, 이러한 가치 평가는 각각의 사업장으로 하여금 배출권의 시장 가격보다 저렴하게 오염을 감축할 수 있는지 아닌지를 파악하도록 만들고, 이는 배출권을 판매하고 대신에 오염을 줄임으로써 돈을 벌 수도 있다는 것을 의미한다. 배출권 시장이 기업들에게 보다 저렴하고 보다 효과적인 감축 기술들을 발견하도록 동기를 부여하는 것이다. 마찬가지로, 자신들이 예상하는 배출권의 미래 가격보다 더 저렴하게 감축할 수 있다고 한다면, 그들은 배출권을 나중에 팔기 위해 혹은 나중에 필요할 때 이용하기 위해 비축할 것이다. 배출권 시장은 이전의 명령 통제식 규제로는 절대 달성하지 못했던 방식을 통해 이산화황의 톤당 배출의 기회비용을 경제적 핵심 사안으로 만들었다.

오염이 획기적으로 줄어들었다

이산화황의 오염을 줄이는 방법에는 어떤 것들이 있을까? 와이오밍주에 있는 파우더강 유역에서 나오는 저유황 석탄이 오염 배출을 줄이고 배출권을 다른 사람에게 팔 수 있는 상대적으로 저렴한 방법이라는 것이 밝혀졌고, 사업장들은 정확히 그렇게 함으로써 이윤을 얻었다. 사용하는 석탄의 종류를 바꾸는 것이 새로운 발전 기술을 이용하는 것보다 저렴했으며 (더구나 1970년대 후반에 이루어진 철도요금 규제 완화로 인해 더욱 저렴해짐), 배출권을 이용할 필요도 없이 배출 감축이 이루어졌다. 비용 대비 보다 효과적인 굴뚝 집진기(scrubbers)의 등장도 배출권 사용 없이 배출을 감축시켰다. 코스가 스펙트럼 허가증 및 "사회적 비용의 문제"에서 주장했듯이, 재산권과 시장이 자원 사용을 경제적으로 만드는 혁신을 일으킬 동기를 촉발시켰던 것이다.

산성비 프로그램은 그것을 설계한 사람들의 기대를 뛰어넘는 성공을 거두었다. 사업장들은 계획보다 앞서 배출 감축 목표를 달성했고, 대기 중 오존 농도 기준(NAAQS)을 초과했던 이산화황 집적 지역들 대부분도 감축 효과를 보고 규제 기준을 만족시켰다. 몇몇 지역별로 "오염 지대"(hotspots)들이 간혹 나타났지만, 1990년부터 2004년 사이에 전반적으로 이산화황의 배출은 36퍼센트나 떨어졌다―같은 기간에 석탄화력발전소가 25퍼센트나 증가했음에도 불구하고 그런 결과가 나온 것이다(Schmalensee and Stavins, 2013: 106).

이산화황의 집적이 낮아지자, 더구나 계속 엄격해진 기준에도 불구하고 그 기준 이하로까지 낮아지자, 배출권의 시장 가치도 떨어졌고 거래 규모도 줄어들었다. 초기에 많은 배출권을 비축했던 것이 장래의 기술적 및 상업적 상황 변화 및 이산화황 배출 한도를 계속해서 엄격하게 낮추는 것에 대비한 완충 역할을 하였다. 가장 최근에는, 수압분쇄법(hydraulic fracturing) 혁신으로 천연가스의 공급이 늘어난 결과 2000년대 중반 이후부터는 발전소의 연료가 석탄에서 천연가스로 대체되면서 오염 배출은 훨씬 더 줄어들었다. 그런데, 이산화황 배출권 시장이 폐쇄된 보다 중요한 요인은 연방 및 주(州) 차원에서 개별 오염원들에 대해 순차적으로 정부 규제가 만들어졌기 때문이다.

> 일련의 새로운 대기청정법 규제들, 법원의 판결 및 규제 기관의 반응 등을 거치면서 법원은 의회에서 새로운 법안을 의결하지 않는 이상은 환경보호국이 새로운 주(州)간 거래 시스템을 만들거나 대기청정법 4장의 시스템을 변경할 수 없다고 판결했다. 이에 대응하여 주(州) 및 각 오염원 차원의 제한 규정들이 마련되었고, 이것이 결국은 이산화황의 한도 및 거래(cap-and-trade) 시스템 자체의 구속력을 없애버리면서 배출권 시장은 실질적으로 폐쇄되었다.(Schmalensee and Stavins, 2013: 113)

온실 가스에 배출권 적용하기

의회가 산성비 프로그램을 종료했음에도 불구하고, 그것은 지금까지 개발된 가장 성공적인 시장친화적 오염 통제 시도(initiative)로 남아 있다. 그것의 가장 가치 있는 특성은 공유자원의 이용권에 대한 정의, 거래비용의 감축, 그리고 시장을 이용함으로써 참가자들로 하여금 가치를 발견하고 가치를 창출하며 혁신이 가능하도록 했다는 점 등 코스식 해법이라고 할 수 있다.

지난 15년 동안 환경 정책의 관심은 온실가스 배출로 옮겨 갔으며, 한도 및 거래(cap-and-trade) 제도는 여러 곳에서 적용되고 있으며(예를 들면, 유럽 배출권 거래 시스템, 캘리포니아의 한도 및 거래 프로그램, 미국 노스웨스트의 지역 온실가스 정책(initiative)에 적용되고 있다), 성과는 반반이다(mixed). 산성비 프로그램에 참여했던 경제학자 산도르(Richard Sandor)가 2003년 시카고 기후 거래소(CCX: Chicago Climate Exchange)를 만들었다. 코스로부터 영감을 받은 산도르는 자발적이고 법적 구속력이 있는 온실가스 배출 감축 및 거래소로서 이 시카고 기후 거래소를 설계했다(Sandor, 2012: chps. 11 and 18). 이 시카고 기후 거래소는 미국에서 탄소 거래가 부진하자 2010년 거래를 중단했다.

성공적인 산성비 프로그램의 배출권 거래시장 설계를 온실가스에 적용하는 것은 매우 심각한 물리적, 경제적, 정치적 도전에 직면하고 있다. 온실가스는 이산화황과는 다른 행태를 보이며, 그 영향은 지역적으로 한정되거나 단기간에 나타나는 것이 아니다. 그것은 또한 화석연료 발전소에 집중되어 있던 이산화황 배출과는 달리 경제 활동 전반에 걸쳐 광범위하게 나타나고 있다. 탄소 시장을 설계하고 실행시키는 문제를 살펴보면 제도가 중요하며 제도는 특수한 상황과 긴밀하게 연계된다고 하는 코스의 가르침을 재확인하게 된다.

5장
등대가 공공재라고?

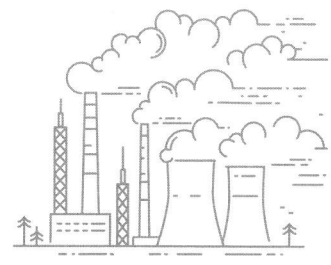

> 나는 어떻게 하면 다양한 활동들을 최선으로 조직하고 자금을 조달할 수 있는지에 대해 지침(guidance)을 줄 수 있는 일반화(generalisations)를 시도해야 한다고 생각한다. 그런데, 만약 그런 일반화가……우리가 선택할 수 있는 사회적 선택지들이 풍부하게 존재한다는 것을 보여주면서……서로 다른 제도적 틀 내에서 활동들이 실제로 어떻게 이루어지고 있는지에 관한 연구로부터 나온 것이 아니라면 거의 아무런 도움도 되지 않을 것이다.
> -코스(Coase, 1974), p. 375

등대는 당연히 공공재?

19세기 이래 경제학자들은 천편일률적으로 등대를 공공재의 사례로 들어왔다. 항구로 들어오는 선박들은 등대 서비스로부터 효용을 얻는다. 등대 서비스에 대해 대가를 지불하지 않은 선박이라 하더라도 그것을 이용하지 못하도록 배제할 수는 없으며, 결국 많은 선박이 타인들이 대가를 지불하는 것에 무임승차하여 등대를 이용한다는 것이 공공재를 주장하는 사람들의 이야기이다. 만일 무임승차 문제가 심각하면, 충분한 등대가 세워지지 않거나 아니면 전혀 세워지지 않을 것이라는 말이다. 그러기 때문에, 1848년 밀(John Stuart Mill)부터 시작하여 1954년 공공재 이론을 정식화한 유명한 사무엘슨(Paul Samuelson)에 이르기까지 경제학자들은 공공재는 정부에 의해 제공되어야 하며 조세를 통해 자금 조달이 되어야 한다고 결론지었다. 코스는 이런 식으로 공공재를 다루는 것에 만족하지 못했고, 1974년 "경제학에서의 등대"(The Lighthouse in Economics)라는 논문을 발표하면서 이에 대해 비판을 가하고 대안적 분석을 내어놓았다.

경제학에서 "공공재"란 아주 엄밀한 기술적 정의를 가지고 있다. 즉, 공공재는 비배제성(non-excludable)과 비경합성(non-rival) 모두를 가지고 있는 재화이다. 비배제성이란 어떤 사람이 어떤 재화에 대한 대가를 지불하지 않았더라도 그 사람을 그 재화의 소비로부터 배제할 수 없다는 의미이고, 비경합성이란 소비하는 사람이 추가되더라도 다른 사람들이 소비할 수 있는 재화의 양이 감소하지 않는다는 의미이다. 국방은 조세를 납부하는 사람이든 아니든 관계없이 한 국가 내에 있는 모든 사람을 보호하며, 더 많은 사람이 그 나라에 들어온다 하더라도 다른 사람들이 소비할 수 있는 국방의 양은 감소하지 않기 때문에 (추가적인 소비자에게 서비스를 제공하기 위한 한계비용이 0이다) 순수한 공공재에 가장 가깝다. 국방은 분명히 국가에 의해 제공되고 조세를 통해 자금이 조달되며, 그렇게 함으로써 분권화된 가격 시스템에서 발생하는 무임승차 문제를 해결할 수 있다는 것이 공공재 이론의 주장이다.

공공재

많은 사람들이 동일한 재화와 서비스를 동시에 소비할 수 있으며, 그 재화와 서비스에 대하여 대가를 치루지 않더라도 소비 혜택에서 배제할 수 없는 성격을 가진 재화와 서비스를 말한다. 이러한 특성을 가진 재화와 서비스에는 국방·경찰·일기예보·등대·공원 등이 있다.

(출처: 매일경제, 매경닷컴)

코스가 관심을 가졌던 다른 경제재(economic good), 즉 방송용 전파 스펙트럼의 이용 또한 비배제성(누구라도 라디오 방송을 청취할 수 있다)과 비경합성(보다 많은 사람이 청취한다고 해서 라디오 신호가 저하되지 않는다)이라고 하는 공공재의 특성을 갖고 있다. 그런데 라디오 방송은 민간 산업이며(비록 미국에서 공공 라디오가 거의 전적으로 개별 회원들과 기업의 후원에 의존하고 있기는 하지만) 광고 수입을 얻고 있지만, 무임승차 문제가 있다는 증거는 거의 없다. 이처럼 공공재가 민간에 의해 제공되는 일이 어떻게 가능한가?

등대는 민간 상업 시설이었다

이에 대한 분석을 하면서 코스는 자신의 논문들에 공통적으로 나타나는 두 가지 작업을 여기서도 하게 된다. 즉, 그는 다른 학자들이 간과하고 있는 관련 문제들을 지적하고, 제도적 세부사항의 본질적 역할과 그 세부사항들이 건전한 경제이론을 만들 수 있다는 것을 알아야 한다는 점을 강조하는 일이 그것이다. 코스 분석의 출발점은 밀(Mill)과 사무엘슨(Samuelson)이었다. 코스는 밀은 (민간 또는 공공) 등대 소유자가 제공하는 서비스에 대한 대가를 지불하기 위해 조세가 필요하다는 주장을 하는

데 반해, 사무엘슨은 밀과는 달리 추가적인 선박에 서비스를 제공하는 한계비용이 0이므로 등대 서비스는 모두에게 제공되어야 하며, 따라서 정부 소유가 되어야 한다고 주장한다는 점을 지적한다. 밀과 사무엘슨 두 사람 모두 자신들이 살던 시대에 등대는 정부에 의해 제공되고 있다는 점을 언급하면서 그 이유를 민간 등대는 무임승차 문제로 인해 지속가능하지 않기 때문이라고 추론함으로써 당시의 현실에 충실한 주장을 하고 있다.

코스는 그런 주장에 반기를 들고 그들의 이론을 영국 등대 시스템의 역사에 관한 자신의 경험적 탐구를 통해 파헤쳤다. 영국은 18세기 및 19세기 유럽의 주도적인 해양세력이었으며, 영국의 선박 산업은 급속하게 성장하고 있었다. 등대는 처음에는 민간 상업 시설로 등장했었는데, 1836년에 국유화되면서부터 정부에 의해 운영되기 시작했다(Candela and Geloso, 2019). 영국 정부는 수 세기나 오래된 도선사 조직인 도선사협회(Trinity House)를 이용하여 우선 등대를 국유화하고, 이어서 일반 등대 펀드(General Lighthouse Fund)를 만들고자 등대세(light dues)를 걷었다. 각기 다른 유형의 선박들에게 각기 다른 등대세가 부과되었고, 일부는 여행 선박에 또 일부는 연간 세금으로 부과함으로써 자신들의 독점적 지위를 가격 차별로 드러냈다(내국 선박에 비해 외국 선박에는 항상 더 많은 세금이 부과되었다). 그렇지만 16세기부터 19세기 초반까지의 기간에 영국에는 여전히 민간 등대들이 존재했었고, 이 등대의 소유자들은 항구 이용료(port fees)를 받고 등대 서비스와 수로 안내 및 하역 작업과 같은 여타 해양 안전 서비스를 결합하여 제공하였다. 특히 16세기와 17세기에는 해안가를 따라 불빛과 안내를 제공하는 다른 대체 수단들도 있었다. 예를 들면, 칸델라(Rosolino Candela)와 겔로소(Geloso)는 기업가들이 자발적인 기여금, 모금 및 서로 다른 유형의 선박에 각각 달리 부과했던 이용료(가격 차별)를 이용하여 건설한 가설물과 함께 영국 해안을 따라 등대선(floating lighthouse)을 제공했었다는 사실을 확인했다(Candela and Geloso, 2018).

이러한 풍부한 역사적 사실에 대한 코스의 검토는 매우 세밀했으며, 이는 해양 안전 분야에 존재했었던 제도들의 다양성을 보여주었다. 예를 들어, 모래가 수시로 변동하는(shifting sands) 얕은 항구에서 선박을 항구로 안내해 주는 지역 도선사는 선장에게는 사적 재화로서의 상당한 가치가 있었고, 등대 서비스는 그런 수로 안내를 보완하는 보완재의 역할을 했었다. 등대 소유자는 수로 안내 서비스와 등대 서비스를 결합한 수로 안내 이용료를 부과했었다(Candela and Geloso, 2019). 이런 제도가 영국 및 여타 국가에서 일반적이었다. 이러한 사정에 대해 생각하는 보다 중요한 사고방식은 그것을 서로 다른 민간 당사자들에 의해 다양한 방식으로 제공될 수 있는 다양한 서비스가 포함된 해양 안전 서비스 시장으로 특정하는 것이었다. 등대는 이처럼 광범위한 시장의 일부분일 뿐이었다.

코스의 관점에서 보자면, 단지 한 가지 서비스에만 관심을 가졌던 공공재 이론은 종종 대안적인 제도들을 간과했으며, 왜 그리고 어떻게 그러한 제도들이 나타났으며 생산자와 소비자 모두에게 이익이었는지를 이해할 수 있게 해주는 중요한 경제이론을 놓쳤다(반대로, 코스의 주장에 대한 비판에 대해서는 Bertrand (2006)을 보라). 만일 우리가 이론화하고자 하는 것이 있는데, 이와 관련하여 실제 시장과 제도적 틀을 이해하지 않고 이론화를 한다면, 그런 이론은 경제학이 제공할 수 있고 또 제공하고 있는 가치 있는 통찰력과는 거리가 멀어 별다른 의미도 없이 조롱거리밖에 되지 않는 "블랙보드 경제학"(blackboard economics)에 불과할 뿐이다.

6장
독점에 대한 두 가지 물음

그 어떤 정부도 개별 소비자들의 다양한 기호들(tastes) 간의 세세한 차이들을 구분해 낼 수 없으며……가격 시스템이 없다면, 소비자들의 실제적인 선호가 무엇인지 알려주는 가장 유용한 안내자가 없어지게 될 것이다. 게다가 비록 가격 시스템이 소비자와 기업 모두에게 추가적인 시장 이용 비용(marketing costs)을 부과하지만, 사실상 이 비용은 가격 시스템이 없을 경우 정부에 의해 초래될 조직화 비용보다는 훨씬 적을 것이다.
–코스(Coase, 1946), p.172

생산을 경제적으로 조직하는 데 있어 흥미롭고 어려운 문제는 독점, 즉 시장에서 단일 기업이 해당 산출물 전체를 판매하고 있을 때이다. 코스는 두 가지 서로 다른 문제들을 분석했다. 즉, 첫째, 공공 기업은 자신의 생산물의 가격을 어떻게 정해야 하는가 하는 것이고, 둘째, 내구재를 생산하는 독점 기업은 그것의 가격을 어떻게 정해야 하는가 하는 것이다.

내구재

자동차나 냉장고 같이 사용 기간이 1년 이상으로 긴 상품. 내구재 주문은 제조업 경기를 판단할 수 있는 핵심 지표로 사용된다.

(출처: 한경 경제용어사전)

가격 설정의 비밀

철도, 전기 및 통신과 같은 산업들은 어려운 경제적 의문점을 발생시키고 분석하지 않을 수 없게끔 만드는 특징들을 가지고 있다. 그런 산업에서는, 생산비용이 자본 쪽에 많이 몰려 있거나, 아니면 전체 비용 가운데 가변비용은 작은 부분만을 차지하는 반면에 대부분의 비용이 고정비용 쪽에 몰려 있다. 이처럼 고정비용이 높은 산업에서는 적어도 소비자들이 구매하고자 하는 양을 초과해서("적절한 수요 범위를 초과하여") 생산물이 증가할수록 단위당 평균생산비용이 감소한다. 이러한 비용 구조는 이 특정 생산량의 범위를 벗어난 곳에서는 그 기업의 생산물 단위당 한계비용이 평균비용보다 낮다는 것을 의미한다. 이러한 구조를 가진 기업을 "비용 체감"(decreasing-cost) 기업이라 부른다. 만일 비용 체감 산업에 있는 기업들이 전형적인 시장과정에서 서로 경쟁한다면, 경쟁자들은 자신들의 생산물 가격을 한계비용까지 낮출 것이다. 왜냐하면, 시장 가격이 어떤 기업의 한계비용과 일치한다면 이 기업은 임금과 같은 가변비용을 여전히 지불할 수 있기 때문이다. 그런데, 만일 그들이 받는 가격이 한계비용과 동일하고 이 산업이 비용 체감 산업이라면, 시장 가격은 평균비용보다 낮을 것이고, 따라서 손실을 보게 될 것이다. 이처럼 만일 비용 체감 산업에서 한계비용이 생산물의 가격을 결정하는 올바른 방법이 아니라면, 가격은 어떻게 결정되어야 할까?

가변비용

임금·원재료비·연료비 등과 같이 생산량이 변함에 따라 변동하는 비용을 말한다.

고정비용

감가상각비·유지비·보험료·지대 등 생산수준과 관계없이 발생하는 비용으로서 잠재적 비용(귀속비용)을 포함한다.

평균생산비용

생산원가를 생산수량으로 나눈 것을 말한다. 여기에는 평균변동비용과 평균고정비용 등이 포함된다.

(출처: 매일경제 경제용어사전)

비용 체감(decreasing-cost)

생산이 증가할수록 평균 비용이 감소하는 것을 의미한다.

(출처: 국립국어원 우리말샘)

한계비용에 대한 논쟁

코스가 학자로서의 길을 걷기 시작한

초기에 그는 비용 체감 산업에서의 가격에 대해 즐겨 토론했다. 1938년에 호텔링(Harold Hotelling)은 한계효용과 한계비용이 일치하는 곳에서 사회적 복리가 극대화된다는 일반적 주장에 기반하여 가격 설정의 효율적인 근거로 한계비용을 내세우는 주장을 했다. 호텔링은 이 기업들은 한계비용에 일치하도록 가격을 설정해야 하며, 고정비용은 납세자들이 내는 기금에서 보조금을 받아 보전되어야(cover) 한다고 주장했다. 호텔링은 고정비용을 총합해서 그 금액만큼을 소비자들에게 일시불 세금(lump-sum taxes)으로 부과하자는 내용의 과세이론에 의지하고 있다.

1946년에 코스는 호텔링의 제안을 분석한 논문 "한계비용 논쟁"(The Marginal Cost Controversy)을 발표하면서 그 문제를 명확히 하고 그것을 논쟁의 이름으로도 삼았다(프리슈만과 호겐돈(Frischmann and Hogendorn, 2015)은 한계비용 논쟁을 아주 훌륭하게 요약하고 있다). 코스는 한계비용 가격 설정에 내재하는 효율성을 인정하지만, 기업의 고정비용을 보전하기 위해 일시불 세금을 부과하는 것은 사실상 가장 효율적인 결과로 이어지지 않을 것이라고 주장했다. 코스는 이 문제를 다음의 세 가지 부분으로 나누었다.

1) 한계비용이 평균비용보다 낮을 때 한계비용과 평균비용 간의 격차;

2) 공통비용(common costs)을 전체 소비자에게 배분하는 일;
3) 많은 고정비용은 장기계약이 되어 있는 투입물에 대해 선지급된 것들(pre-payments)로서, 이는 가변비용이라고 볼 수 있다.

한계비용과 평균비용 간의 격차가 중요한 분석적 이슈인 반면에, 나머지 두 가지는 부차적인(tricky) 것들이다. 소비자들 사이에 배분되어야 하는 공통고정비용이 존재한다 하더라도 경제이론은 그렇게 할 수 있는 단일의, 분명하고, 완전한 방식을 제안하지 못한다. 예를 들어, 전력 산업에서 (전력) 배분 시스템에 들어가 있는 자본 가운데 상당 부분은 공유 네트워크를 형성하고 있지만, 각기 다른 소비자들이 각기 다른 만큼의 전력을 사용하고 있다(그리고 각기 다른 소비자들이 각기 다른 시간대에 전력을 사용하고 있다). 특히, 코스가 이 논문을 쓸 당시에는 배분 전력망의 이용 정도를 정확하게 측정하도록 해줄 수 있는 디지털 기술도 존재하지 않던 시절이었는데 그 공통고정비용을 각기 다른 소비자들 간에 어떻게 배분한다는 것인가? 이 공통비용의 배분 문제는 조정된 전기 요금 설계(regulated electric utility rate design)와 관련되는 문제로 남는다.

한계비용

재화나 서비스 한 단위를 추가로 생산할 때 필요한 총비용의 증가분을 말한다.

(출처: 한경 경제용어사전)

한계효용

어떤 재화의 소비량의 추가단위분 혹은 증분으로부터 얻는 효용. 소비자가 재화를 소비할 때 거기서 얻어지는 주관적인 욕망충족의 정도를 효용이라 하고, 재화의 소비량을 변화시키고 있을 경우 추가 1단위, 즉 한계단위의 재화의 효용을 한계효용이라 한다.

(출처: 두산백과)

호텔링의 문제를 검토하기 위해 코스는 자신의 주요 논문들 모두에 공통되는 한 가지 스타일의 분석을 이용한 단순화된 개념적 모델을 설정한다. 그는 비록 가격이 한계비용과 일치한다고 하더라도 생산자와 소비자 모두 생산과 소비 결정을 할 때 고정비용을 고려하지 않을 것이기 때문에 여전히 자원의 비효율적 배분이 발생할 수밖에 없다고 주장한다. 다른 말로 표현하면, 만일 고정비용이 조세나 보조금을 통해 보전된다고 하더라도 생산자나 소비자 모두 해당 자원의 기회비용을 고려할 동기가 전혀 없을 것이라는 뜻이다.

또한, 코스는 기회비용을 반영하는 시장 가격이 없다면 소비자들이 자신들이 소비하는 생산물의 총비용을 지불할 의사가 있는지 없는지를 알 수 있는 제도적 틀, 즉 시장과정이 존재하지 않을 것이라고 주장했다. 이러한 관찰은 공통비용을 소비자 전체에 걸쳐 배분하자는 문제와 겹친다. 마지막으로, 코스는 호텔링의 시스템에서는 해당 생산물 중 극히 일부분만 이용하는 사람들로부터 상당히 많이 이용하는 사람들에게로 부(wealth)가 재분배되는 일을 거의 피할 수 없을 것이라고 보았다. 부의 재분배는 소비자와 납세자 간의 불일치로부터도 발생할 수 있다. 해당 기업의 생산물을 소비하는 모든 소비자가 반드시 납세자인 것은 아닐 것이며, 그 반대도 마찬가지이다.

이미 존재하고 있는 비용 체감 기업에 대한 호텔링의 정적인(static) 분석을 받아들이기보다는 오히려 코스는 호텔링의 제안에서보다 훨씬 광범위한 동기 및 그것이 실행되기 위해 필요한 현실적인 제도적 틀에 대한 동적인(dynamic) 분석을 시도했다. 정부는 어떻게 소비자들의 선호를 알고, 또 발생된 고정비용의 정확한 규모와 유형을 알고 소비자 수요를 결정할 수 있을까? 코스는 정부의 지식 정보 습득 능력, 정부의 수행 능력, 그리고 중립적 공무원(public servants)으로서의 정부라고 가정하는 것에 대해 큰 관심을 보였는데, 이는 이후 1950년대와 1960년대 공공선택 경제학(public choice economics) 발전의 전조를 보여준 핵심적인 요점들(points)이다.

새로운 가격설정법: 다중 가격형성

코스는 호텔링의 제안에 대해 다중 가격형성(multi-part pricing)이라는 대안을 제시하였다. 비록 코스가 1946년의 논문에서 특정하지는 않았지만, 그의 생각은 기업이 손실을 보지 않는 제약조건으로서 가격에는 한계비용을 반영하는 요소들과 배분되는 고정비용 요소들이 함께 포함되어야 한다는 것이었다. 이를 일컬어 다중 가격형성이라고 부른다. 이러한 식의 가격형성에서는 생산자와 소비자가 반응하게 되는 가격에 모든 비용이 포함되며, 코스가 (호텔링의: 역자) 조세/보조금 제안에서 확인했던 재원 마련 문제나 제도적 동기의 문제는 나타나지 않는다. 다중 가격형성도 공통비용을 전체 소비자에게 배분하는 문제를 방지하지는 못하며, 그러한 배분 역시 추정의 영역이고 관료주의적 왜곡(manipulation)으로 흐를 가능성이 있기는 하지만, 그것이 우리가 가지고 있는 제약조건들과 지식의 한계라고 하는 현실적인 가정하에서 할 수 있는 최선일 것이다.

비용 체감 산업에 대한 코스의 분석 틀은 전력 및 천연가스 배분 산업에서 실행되고 있는 조정 요금(regulated rate) 체제의 형태로 오늘날까지도 존속하고 있다. 전기요금 고지서를 받아보면, 거기에 한계비용을 반영하는 가변적인 "에너지 요금"(energy charge)이 있고, 전력망을 건설하고, 유지하고, 운영하는 고정비용을 배분한 "전선 요금"(wires charge) 혹은 "배전 요금"(carring charge)이 있는 것을 보게 될 것이다. 적어도 이론적으로는 조정 요금 체제는 코스의 논리에 기반하고 있다.

코스 및 그와 논쟁을 벌인 상대였던 비커리(William Vickery)는 1970년대 내내 한계비용 논쟁 문제에 관심을 가졌으며, 그 토론 과정에서 나온 여러 생각은 공공 기업의 가격 설정과 관련된 문제에 관한 코스의 연구에 영향을 주었다. 전화, 전기 및 천연가스와 같은 공공 기업들은 전통적으로 한계비용 논쟁 분석의 초점이었던 높은 고정비용을 가진 것들이었다. 코스(Coase, 1970)는 자신이 이전에 했던 분석을 재검토하고 자신의 접근법을 전파 스펙트럼의 극초단파 대역(microwave band)에 허용된 경쟁적 진입을 규제하고 있는 연방통신위원회(FCC)에 적용시켰다. 이 결정은 새로운 사업 영역을 열어젖혔다. 즉, 진입자들은 자기 자신들의 극초단파 통신시스템에 투사하거나 아니면 AT&T의 새로운 텔팍(Telpak, 광대역 데이터 전송 회로: 역자) 극초단파 대역 서비스를 이용할 수도 있다.

이처럼 자신의 주장을 또렷하게 함으로써 코스는 자신의 경제적 논리를 보다 명확하게 다듬었다.

소비자는 어떤 재화의 추가적인 단위를 소비할 것인지 말 것인지를 결정해야 할 뿐만 아니라, 또한 자신의 돈을 해당 재화의 소비에 지출하는 것이 다른 일에 지출하는 것보다 가치가 있는 것인지 아닌지도 결정하지 않을 수 없다. 이것은 소비자가 자신에게 공급되고 있는 것의 총비용만큼의 돈을 지불할 의사가 있는지 요구받을 때 파악될 수 있다…….

한계비용 가격 설정 옹호자들은 각각의 소비자들이 총비용을 보전할 수 있는 만큼의 돈을 지불할 의사가 있는지 없는지를 정부가 추산해야 한다고 생각하고 있었음이 분명하다. 그러나, 만일 소비자가 총비용과 동일한 만큼의 돈을 지불할 의사가 있다고 결정되더라도―그리고 바로 이것이 이 주장의 역설적인 특징이라는 생각이다―소비자는 그렇게 하라는 요구를 받지는 않는다. 그래서 정부는 소비자가 지불할 의사가 있는지 없는지를 추정하고, 소비자가 그럴 의사가 있다고 하더라도, 그 비용을 소비자에게 청구하지는 않는다.

나는 이것이야말로 정말 이상하다고 생각했다. 그런데, 나는 어떤 정부 혹은 어떤 누군가가 낮은 비용에, 그리고 만일 소비자들에게 비용이 청구된다면 무슨 일이 벌어질지에 대한 지식도 없이 비용을 정확히 추정할 수 있다는 것인지 도저히 알 수가 없다. 무언가에 대해 사람들이 지불할 용의가 있는지 없는지를 알 수 있는 방법은 그에게 그것을 청구하는 일이며, 그리고 만일 그런 시스템이 없다면 사람들이 지불할 용의가 있는지 없는지를 추정하는 일은 극단적으로 어려워진다.....

물론, 만약 추정될 수 있다고 하더라도, 그런 추정은 현실적으로 매우 비용이 많이 들고, 부정확하며, 한계비용 가격 설정 옹호자들이 상상하고 있는 방법으로는 자원의 엄청난 낭비가 발생할 것이다.(1970:118)

효율성을 위해서는 한계비용과 총비용 모두를 고려해야 한다는 것을 강조하는 것 외에도, 코스는 정부가 소비자 선호를 파악하기 위해 조사(survey)를 시도하는 것은 비용이 많이 든다는 점을 들어 거래비용 주장도 하고 있다. 그러한 조사를 설계하고 실행하는 것은 아주 값비싼 모험(venture)이며, 이 거래비용은 공공기업의 가격 체계를 선택할 때 반드시 고려되어야 한다. 호텔링과 다른 학자들의 앞서의 논문은 이 거래비용이 0(zero)이라고 가정했다. 이러한 점은 분권화된 가격 시스템이 없을 때 정부는 고정비용을 추정하기 위해 필요한 지식을 획득할 수 없다는 코스의 인식론적 주장을 뒷받침하고 있다(이는 가격 시스템의 역할에 관한 하이에크(Hayek, 1945)의 주장과 유사한 통찰력이다).

완전 내구재 독점자의 가격 결정

코스의 가장 이론적이고 추상적인 논문 가운데 하나는 "내구성과 독점"(Durability and Monopoly)인데, 이 논문은 또 다른 아주 간단한 질문을 던지는 것으로 시작한다. "완전 내구재의 총량을 한 명의 공급자가 소유하고 있다고 가정하자. 이 공급자는 그 재화를 어떤 가격에 판매할까?"(1972: 143) 만약에 이 재화가 완전 내구재(즉, 가치가 하락하지 않는다)이며 다른 공급자가 없다면, 이윤극대화 독점자는 경쟁 가격(가격=한계비용)을 청구할 것이라고 하는 도발적인 주장을 하였고, 이는 코스 유추(Coase Conjecture)라고 알려져 있다. 코스 주장의 논리는 이렇다.

1) 한계수입이 한계비용과 같아지는 지점의 수량을 판매해

온 독점자는 가격을 낮추고 추가적인 판매를 함으로써 추가적인 이윤을 획득할 수 있다. 이 독점자는 이미 판매된 단위에 책정되었던 가격을 낮출 필요가 없기 때문에 나중에 판매되는 단위의 가격을 낮추고도 여전히 이윤을 얻을 수 있다.

2) 이러한 가격 하락이 앞으로도 발생할 것이라고 합리적 기대를 하는 소비자는 높은 가격에 일찍 구매하기보다는 구매를 뒤로 미룰 것이다.

3) 만일 독점자가 가격을 신속하게 변경할 수 있다면, 최초의 가격은 한계비용이 될 것이다.

본질적으로 독점 공급자는 자신의 미래와 경쟁한다. 이 시제간(intertemporal) 경쟁은 현재의 가격을 높일 수 있는 시장 권력의 행사를 방해한다. 이윤 극대화 독점자는 오늘 "독점 수량"—즉, 공급자가 독점 권력을 가지고 있지 않을 때 판매될 수 있는 수량보다 적은 수량—을 판매하게 되는데, 그러고 나면 그는 앞으로는 더 많은 수량을 판매하고자 하는 강한 동기를 갖게 되고, 이는 가격의 하락을 요한다.

어떻게 하면 독점자가 이러한 결말을 피하고 보다 높은 가격을 유지할 수 있을까? 코스는 해당 재화를 판매하기보다는 임대(leasing)할 것을 제안했다. 가격이 낮아지면 소비자는 기존 임대를 취소하고 새로 임대를 할 수 있는데, 이는 가격 설정 시 독점자를 자제시키는 압력이 된다. 그는 또 해당 재화를 내구성이 덜하게(less durable), 다른 말로 하자면, 계획적으로 빨리 노후화(planned obsolescence)되도록 만드는 것을 제안하기도 했다. 또 다른 선택지는 환불 보장인데, 이는 가격을 낮추고자 하는 의욕을 낮춘다. 미래의 생산 일정에 대한 확실한 사전 약속도 가격을 하락시키려는 동기를 약화시킬 수 있다.

이 코스 유추는 이 이론을 정식화하고 그것을 내구재 시장에 응용한 많은 연구들로 이어졌다. 이 연구의 상당 부분은 본질적으로 게임이론적인 것으로, 이는 의미가 있다―코스 논리의 핵심은 일련의 최적 행위를 결정하기 위한 역진 귀납(backward induction) 혹은 역으로 추론하는 것이다. 독점자와 미래의 자신과의 사이에서 벌어지는 시제간 전략적 상호작용은 장기간에 걸친 일련의 최적 가격 결정을 하기 위해 종료 시점부터 시작해서 역으로 오늘까지 살펴봄으로써 어떻게 독점이 각기 분리된 의사결정의 단계마다 자신의 이윤을 극대화하는가에 대한 하나의 좋은 사례이다. 데네커리와 리양(Deneckere and Liang, 2008) 및 그들이 인용하고 있는 연구는 코스 유추를 확장하는 이런 연구의 좋은 본보기를 보여준다.

비용 체감 산업의 문제와 내구재 문제 두 가지 모두에 있어서 독점이 함의하는 바에 대한 코스의 분석은 이들 함의에 대한 우리의 이해를 보다 깊게 해준다. 독점자는 높은 가격을 책정한다고 하는 순진한(naive) 가정을 하는 정적인 독점 모델은 이들 시장에서 관찰되는 현실적인 가격 설정 경험을 설명하지 못했다. 코스의 업적은 왜 그런 일이 일어나고 있는지를 이해하는 데 도움을 주며, 그 이해를 보다 깊고 넓게 하기 위한 연구를 계속하도록 이끌고 있다.

7장
제도, 재산권 그리고 거래비용

> 사실상 우리가 경제적 행위라고 여기는 것의 상당 부분은 높은 거래비용이 발생하는 것을 막거나 거래비용을 줄이기 위해 고안된 것들이며, 그렇게 함으로써 각 개인은 자유롭게 협상하고 또 하이에크가 말했던 바 분산된 지식의 이점을 취할 수 있다.
> ―코스(Coase, 1992), p.716

내 것과 내 것이 아닌 것

코스는 자신의 모든 연구에서 제도를 경제이론 및 실증적 경제 연구에 포함시킬 것을 강조했다. 제도란 사회적 상호작용을 구성하는 방식(arrangements), 즉 "게임의 규칙"이다. 이 게임의 규칙들은 수용 가능한 행위에 대한 비공식적 사회 규범에서부터 판례나 법률에 새겨져 있는 공식적인 법에 이르기까지 다양하다. 제도는 개인들이 자기 자신의 결과물과 타인들의 결과물에 영향을 줄 수 있는 의사결정을 할 때 직면하게 되는 동기(incentives)를 형성한다는 의미에서 사회적 상호작용을 구성한다.

경제 활동과 관련한 한 가지 중요한 제도는 재산권이 무엇인지, 그것이 어떻게 정의되는지, 그리고 그것이 어떻게 집행되는지를 이해하는 것이다. 인간 사회는 오랜 세월에 걸쳐 "내 것"과 "내 것이 아닌 것"이 무엇인지 그 개념을 발전시켜 왔다(Wilson, 2020). 하나의 물건(item)에 대해 재산권을 갖는다고 하는 개념은 그 재산의 소유자가 해당 물건을 가지고 무엇을 할 수 있는지를 구체화한다. 그는 그것을 이용할 수 있고, 변경하거나 개선할 수 있고, 빌려줄 수 있고, 다른 사람이 사용하도록 임대할 수 있고, 사용하지 않고 묵혀둘 수 있고, 타인에게 줄 수 있고, 판매할 수 있다. 재산권은 어떤 자원과 관련하여 특정 조치를 취하거나 특정 결정을 내릴 수 있는 권리이다.

재산권 체계(framework)는 재산의 소유자가 자신의 재산과 관련하여 허용되는 행동과 허용되지 않는 행동을 보여준다. 예를 들면, 임대료 통제는 부동산 소유자로 하여금 자신의 재산을 어떻게 이용할 것인가에 제한을 가하고, 이는 부동산 소유자의 동기에 영향을 미친다. 임대료를 제한함으로써 소유자의 수익에 제한을 가하고, 이에 따라 부동산을 개선(개량)하고자 하는 소유자의 동기를 제한하게 된다. 이것이 임대료 통제하에서 부동산들이 황폐해지는 이유이다. 임대료 통제 법안이 아주 까다롭거나 부담스러운 상황이 되면, 이런 법안은 소유자들로 하여금 임대를 포기하도록 만들고, 이에 따라 임대주택의 공급이 감소하며 정책 입안자의 본래 의도와는 전혀 다른 결과로 이어진다.

일반적으로, 재산권이 분명하고 투명하게 규정되어 있고 또 재산권이 합리적인 비용에 집행될 수 있는 재산권 체계는 자원의 효율적인 이용과 효율적인 생산, 소비, 투자 및 혁신이 이루어지도록 동기를 부여하는 제도이다. 재산권에 관한 코스의 통찰은 재산권 이론의 개념을 더욱 발전시키고 또 그것을 다양한 상황에 적용시킨 새로운 연구들을 촉발시켰다(예를 들어, Demsetz(1967), Libecap(1989) 및 Barzel(1989)를 보라).

재산권과 거래비용의 관계

재산권 체계에서 나타나는 또 하나의 중요한 사항은 거래비용과 관련이 있다. 코스는 거래비용을 시장, 계약 및 가격 시스템을 사용하는 모든 비용으로 구성된다고 정의했다. 알렌(Allen)은 거래비용을 "재산권을 설정하고 유지하는" 비용이라고 정의한다(1999: 898). 거래비용은 모든 유형의 지배구조와 조직에 걸쳐 재산권의 배분에 영향을 미친다. 코스는 거래비용을 명시적으로 정의하지는 않았지만, 그 대신 거래비용이 계약, 동기 및 결과물에 어떻게 영향을 미치는지를 보여주는 사례들을 통해 설명했다.

한 사회의 재산권 체계의 상당 부분은 그 사회의 공식적인 법적 제도들에 의존하고 있다. 그 이유는 재산권에 대한 법률적 정의와 집행이 재산권을 구체화하는 데 투입되는 투입요소들(inputs)이기 때문이다. 재산권의 몇몇 측면들은 한 사회가 장기간에 걸쳐 재산을 둘러싸고 형성한 관습적인 규범과 관례로부터 생겨나지만, 코스의 연구는 대부분 법적 제도들, 법이 경제적 의사결정에 미치는 영향, 그리고 재산권을 정의하는 데 있어서의 사법 시스템과 판례의 역할에 집중되어 있다. 중요한 것은, 코스가 국가 소유 재산을 포함한 다양한 형태의 정부 규제가 재산권 조정

임무를 수행하는 또 다른 방식(alternative ways)으로서 그 자체의 거래비용을 수반한다는 점을 강조했다는 점이다. 이 거래비용 가운데 중요한 것은 기업들이 보다 효율적으로 운영하기 위해 또는 새로운 혁신을 도입하기 위해 재조직하고자 할 때 그것을 가로막는 규제 장애물들이다. 이러한 비용은 통상 눈에 보이지 않는 비용이며, 특히 위험한 것은 전통적 경제분석에서는 이것을 무시했다는 사실이다.

공식적인 법적 제도들과 재산권 체계는 교환을 가능하게 하고, 제품을 생산하여 시장에서 판매하고자 하는 기업의 설립을 지원함으로써 시장 제도에 영향을 미친다. 제대로 잘 정의된 재산권은 종종 상호 이익이 되는 시장교환의 필수적인 선도자 역할을 한다. 왜냐하면, 판매자가 해당 물건을 판매하거나 개발할 권리를 어느 만큼 가지고 있는지가 불확실하면 그만큼 구매자는 그 판매자로부터 물건의 구매를 덜 할 것이고, 또 투자자는 투자를 덜 할 것이기 때문이다. 요약하자면, 사실상 시장 거래는 주택이나 자동차를 사고팔 때 그런 것처럼 어떤 물건을 이용할 수 있는 권리의 교환이다.

기업과 관련해서 기업의 경영과 조직에 관해 살펴보는 한 가지 방법은 그것을 기업 통제를 위한 시장으로 바라보는 것이며, 이는 기업이 하는 일이 무엇인가를 설명하기 위해 재산권 접근법을 이용하는 것이다. 어떤 규모의 시장이 등장해서 운용되면서 참가자들로 하여금 상호 유익한 교환을 통해 가치를 창출할 수 있도록 할 것인지는 공식적, 비공식적 제도 및 재산권 제도가 보다 높은 거래비용으로 이끄는가 아니면 그 거래비용을 낮추는가에 따라 달라진다. 예를 들어, 제대로 작동하는 주식시장은 확장을 원하는 기업들로 하여금 추가적인 소유 지분을 판매함으로써 필요한 자금을 마련할 수 있도록 해준다. 또한, 주식시장에서 형성되는 지분의 가격은 해당 기업이 현재 경영이 제대로 이루어지고 있는지 아니면 잘못 이루어지고 있는지에 대한 많은 정보를 전달한다. 경영이 제대로 이루어지고 있지 않은 기업의 지분은 경영이 제대로 이루어지고 있는 기업의 지분에 비해 가격이 낮을 것이다.

이러한 제도적 틀(framework)이란 비공식적인 사회적 규범과 관례의 맥락 속에서 법적 제도들, 재산권 체계 및 시장 제도들이 조합된 것이다. 한 사회의 제도적 틀이 시민들이 직면하게 되는 거래비용을 결정한다. 역으로, 이 비용은 시민이 경제 활동에 참여할 때 직면하게 되는 동기를 구성하는 중요한 일부분이다. 생산자가 되었든 소비자가 되었든 우리는 거래에서 실현되는 순가치(net value)를 그것의 결과물로 생각할 수 있다. 이러한 의미에서, 특정 결과물로 이끄는 거래비용과 동기를 형성하는 데 있어 제도가 중요하다는 것이다.

제도와 피드백 효과

　　　　　　　제도적 틀이 언제나 상호 이익을 창출하는 것은 아니다. 사람들은 종종 다른 행동이나 규칙을 실험(experiment)해 봄으로써 결과물을 보다 낫게 만들려고 할 수 있다. 시간이 지나면서 이윤과 손실로부터 피드백(feedback) 효과가 생겨난다. 만일 어떤 제도가 잠재적 이윤을 좌절시킬 정도로 높은 거래비용을 초래하고 있다면, 사람들은 복리의 창출을 촉진하기 위해 제도를 바꾸는 작업에 이 피드백을 활용할 수도 있을 것이다. 개혁이 일어나지 않는 경우가 상당수 있으며, 이런 사례들은 연구하고 이해하기 위해 중요한 것들이다.

그림 2

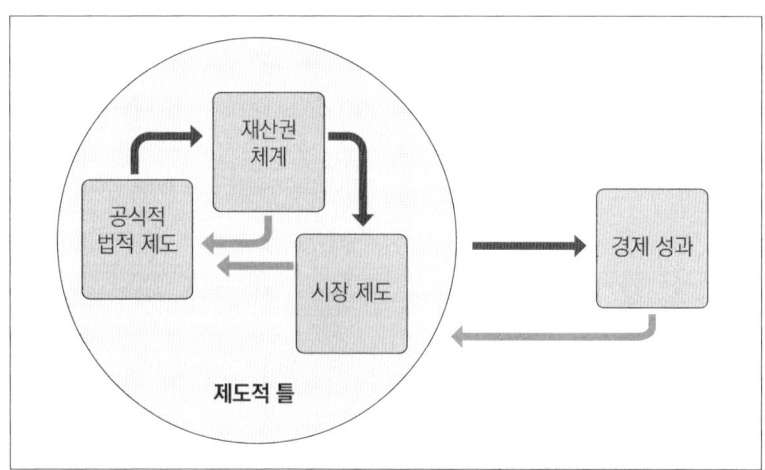

그림 2는 제도적 연관성과 그 결과를 보여주고 있다. 검은색 화살표는 법적 제도가 시장 제도를 형성하는 재산권 체계에 어떻게 영향을 미치는지를 보여준다. 그것들이 함께 제도적 틀을 형성하고 이것이 시장의 성과에 영향을 미친다. 밝은색 화살표는 실험(experiment), 학습 및 시장 성과로부터의 피드백 효과가 어떻게 제도적 틀의 구성요소로 흘러 들어가는지를 보여준다.

8장
코스가 살아있는 세상

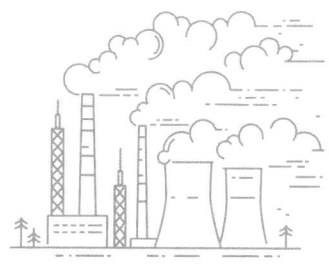

코스의 선구적인 업적은 제도, 재산권 및 거래비용을 경제 분석에 포함시키고, 경제학, 경영학, 법학, 정치학 및 여타 사회과학의 다양한 분야에서 새로운 연구를 촉발시켰다는 점이다. 법경제학, 재산권 경제학, 거래비용 경제학 그리고 제도 및 조직 경제학 등등의 여러 분야는 생산의 조직 구조와 경제 활동에 미치는 법의 영향에 대해 우리가 이해할 수 있도록 한 코스에 그 기반을 두고 있다. 2000년에 설립된 코스 연구소(Ronald Coase Institute)는 특히 국제적인 젊은 학자와 그들에게 가치 있는 연구 기회를 제공하는 일을 연결함으로써 제도 및 거래비용 분야 장학제도를 운영하고 있다. 마찬가지로, 매년 개최되는 제도 및 조직 경제학 아카데미(Institutional and Organizational Economics Academy)는 코스 전통으로 연구하는 유럽의 대학원생들을 모아 교육하고 있다. 이런 활동들을 통하여 제도, 조직 및 거래비용 경제학에서의 연구와 응용이 계속해서 확대되고 번창하고 있다.

코스는 2003년 102세의 나이로 사망할 때까지 끊임없이 연구 활동을 했다. 자신의 생의 마지막 10년에 그는 중국의 점증하는 경제 활동에 점점 더 많은 관심을 가지고 제도 및 조직 경제학 연구자들의 네트워크를 구축하기 위해 중국 학자들과 함께 연구를 하였다. 그의 마지막 논문 "중국은 어떻게 자본주의자가 되었나"(How China Became Capitalist) (Coase and Wang, 2002)에서 코스와

왕(Ning Wang)은 지속적인 경제성장과 광범위한 생활수준의 향상을 가능하게 한 지난 40여 년 동안 중국에서 일어났던 커다란 제도적 변화에 대해 검토했다. 경제성장을 가능케 하는 제도적 방벽 중 하나가 새로운 사상(ideas)의 발전과 확산이므로, 그들은 사상에 대한 중국의 오랜 문화적 존중을 기반으로 중국에서 새로운 사상이 점차 번성하도록 하는 데에는 사상의 시장이 필수적이라고 주장한다.

실생활 속에 자리잡은 코스

코스의 지속적인 영향력은 학문적 영역을 넘어 실질적이고 의미 있는 제도적 변화로까지 이어졌고, 이는 사회를 변환시키고, 경제성장을 촉진시켰으며, 번영의 차원을 확장시켰다. 배출권 거래, 스펙트럼 허가권 시장 등등 응용 면에서의 제도적 혁신은 코스의 아이디어로부터 그 영감을 얻은 것이다. 거래 가능 에너지(transactive energy)에 관한 필자의 논문에서도 디지털 기술이 거래비용을 절감한다는 것에 기반하여 시장 제도를 설계하고 있는데, 그 밑바탕에는 코스의 아이디어가 깔려 있다(Kiesling, 2016). 거래 가능 에너지는 디지털 자동화 기술을 사용하여 각 가정의 계측기(thermostat)가 주어진 시간대의 전력 사용을 위해 지불할 금액을 입찰할 수 있도록 한다. 이 입찰은 다른 가정의 입찰과 더불어 수요곡선을 이루고, 한편 공급자들은 공급곡선을 형성하는 제안들을 한다. 입찰 또는 제안이 수용되었는지 여부에 따라 취해야 하는 행동에 대한 설명과 더불어 각각의 기기에 시장청산 가격이 다시 전달된다. 에너지 기술들이 보다 다양해지고 규모가 소형화됨에 따라 디지털 기술로 인한 거래비용의 감축은 이러한 시장에서 발생하는 복리 증진의 잠재력을 키울 것이다. 전력망과 같은 복잡한 네트워크에서 이렇게 시장을 이용한 가격의 등장은 망(grid)이 균형을 유지하도록 하는 통제 신호로서의 역할을 할 수 있다.

    코스의 아이디어는 우리의 제도적 틀 속에 살아 있다. 학문적 업적 측면에서나 제도적 설계 측면 모두에서 코스는 이 시대 가장 영향력 있는 경제학자 가운데 한 명이다. 그의 통찰력으로 인해 경제적 사고(ideas)와 우리가 살아가고 창조해가고 있는 세상은 훨씬 좋아진다.

9장
코스는 어떤 사람인가?

로널드 코스는 20세기 가장 영향력 있는 경제학자들 가운데 한 명이며, 가장 특이한 경제학자들 가운데 한 명이다. 그는 경제학, 법학 및 사회과학에 아주 광범위한 영향을 끼쳤는데, 이는 주로 그가 노벨 경제학상 수상자로 선정될 때 인용된 두 편의 논문, 즉 "기업의 본질(The Nature of the Firm, 1937)"과 "사회적 비용의 문제(The Problem of Social Cost, 1960)"에 기인한다. 이 두 편의 논문은 경제학에서 가장 많이 인용된 논문에 속하며, 발표된 지 상당한 시간이 흐른 오늘날에도 여전히 광범위하게 인용되고 있다(Landes and Lahr-Pastor, 2011). 이 두 편의 논문에서 코스가 개발한 사고(ideas)는 경제학, 법학, 경영학 및 정치학 분야의 연구에 완전히 새로운 장을 열었으며, 시장을 이용한 전파 스펙트럼(radio spectrum) 배분에 대한 논문(Coase, 1959)과 더불어 우리 사회를 변환시키고(transform) 혁신과 디지털화가 가능하도록 일조한 새로운 시장 설계이론과 응용(market design theory and practice)으로 이어졌다(이에 대해서는, 예를 들어, Madema(1998), Ménard and Shirley(2005), Hazlett(2009) 및 Veljanovski(2015)를 보라).

코스의 이론, 분석 및 설득 스타일은 서술적이고 사실 중심적이며, 경제학에서 통상적으로 볼 수 있는 것과는 달리 형식적이지 않았다. 코스는 경제 활동을 영위하는 과정에서 드러나는 심각한 복잡성에 대해 믿을 수 없을 정도로 간단한 질문을 던짐으로써 연구 경력을 쌓았다. 기업은 왜 존재하는가? 전파 스펙트럼과 같이 희소한 자원의 배분에 왜 규제가 아닌 시장을 이용하지 않을까? 자원을 둘러싼 분쟁은 협상(bargaining)과 계약을 통해 해결될 수 있는 것인가, 아니면 정부의 규제가 필요한 것인가? 등대는 정부가 제공해야 하는 공공재인가? 내구재(durable goods) 독점 기업은 산출물의 가격을 어떻게 책정할까?

코스는 1910년 12월 29일 런던 외곽의 윌스덴(Willesden)에서 태어났다. 런던대학에 입학하여 1932년 경상학사(Bachelor of Commerce) 학위를 받을 때까지 공부하는 동안에 어네스트 카셀 경(Sir Ernest Cassell) 여행 장학금을 받게 되었다. 이 장학금으로 그는 미국을 여행할 기회를 얻게 되었고, 1931년부터 1932년까지 시카고대학에서 프랭크 나이트(Frank Knight) 및 제이콥 바이너(Jacob Viner)와 함께 공부하면서 미국의 공장들이 생산을 어떻게 조직하는지 배우기 위해 몇몇 공장을 방문하기도 했다. 특히 포드와 GM 공장 방문은 그에게 그의 첫 논문 "기업의 본질"(1937)을 위한 실증적 기반을 제공해 주었다. 처음에 그는 영국에서 교수를 하다가 미국으로 이주하여 계속해서 학문적인 경력을 쌓게 된다. 버지니아대학에서 몇 년을 지낸 후 자신의 경력 대부분을 시카고대학 법학과에서 보내게 되며(1964년부터 재직함), 거기서 Journal of Law and Economics의 편집자 역할도 맡았다. 1991년 그는 "경제의 제도적 구조와 작동을 위한 거래비용 및 재산권의 중요성을 발견하고 명확히 한 공로"로 노벨 경제학상을 수상했다.

새로운 세상을 열다

기업은 기업과 시장 사이 그리고 기업 자체 내부에서 거래비용을 절약하기 위한 하나의 조직 구조라는 그의 주장은 산업조직 분야에서 새로운 연구 영역을 열었다. 보다 일반적으로 표현하면, 생산 세트(production set) 조직에 관한 세세한 연구를 하면서 코스는 제도(institutions)에 집중함으로써 경제분석의 새로운 접근법을 개발했다. 제도란 공식적인 법률, 오랜 관습, 그리고 비공식적인 사회적 규범을 포함하여 사람들의 사회적 상호작용을 구성하는 공식적 및 비공식적 방식들을 말한다. 코스의 연구는 비교제도분석, 다시 말해 기업 내부의 생산에서부터 환경 규제에 이르기까지의 맥락에서 서로 다른 제도들이 어떤 성과를 내는지를 살펴보는 비교제도분석에 대한 관심을 불러일으켰다. 그의 분석은 또한 대안적 제도(alternative institutions)를 검토할 때 어떤 제도의 효과를 그 제도와 가장 가까워 보이는 제도의 결과물과 비교함으로써 반사실적 분석(counterfactual analysis)을 구현

했다.

코스의 견해에 따르면, 형식적 경제이론은 수학적 모델에서 제도를 무시해 버리는 오류를 저질렀다. 왜냐하면, 사회에서 나타나고 진화하는 제도는 분석할 가치가 충분한 중요한 경제적 기원(origins)과 의미를 갖고 있기 때문이다. 코스는 그가 "블랙 보드(blackboard) 경제학" 접근법이라 이름 붙인 접근법, 즉 경제 활동의 기저에 놓여 있는 상호작용과 연관성이라는 실제 구조가 아니라 규정된 제약조건들로 이루어진 최적화 모델에 중점을 둔 접근법에 대해 일관되게 비판하였다. 코스는 이러한 접근법은 어떤 것이 경제적인가—사람들이 상호 이익을 위해 생산과 경제 활동을 조직화하는 다양한 방법들이 있다—하는 것을 전적으로 간과했기 때문에 공허한 이론화라는 점을 발견했다. 코스는 노벨상 수상 소감에서 이렇게 말했다:

> 시스템의 다른 측면들에 대한 이러한 무시는 현대 경제이론의 또 다른 특징, 즉 현실 경제시스템에 대한 상세한 지식이 필요 없는 것처럼 보이게 만드는 점증하는 분석의 추상화에 의해 훨씬 더 빈번하게 이루어졌습니다……연구가 되고 있는 것은 실제로 존재하고 있는 시스템이 아니고 경제학자의 마음속에 존재하는 시스템입니다. 저는 그렇게 해서 나타난 결과를 "블랙

보드 경제학"이라 부릅니다. 거기에 기업과 시장이라는 이름은 등장하나 실체는 없습니다. 주류경제학 이론에서 기업은 종종 "블랙박스"로 묘사되곤 합니다. 그래서 블랙 보드 경제학이라고 명명했던 것입니다. 이는 현대의 경제시스템에서 대부분의 자원이 기업 내에서 고용되고 있고, 이 자원들이 직접 시장의 작동에 의해서가 아니라 경영판단에 의존하여 그 쓰임새가 결정된다는 점을 고려한다면 매우 이례적인 일입니다. 결론적으로, 경제시스템의 효율성은 아주 상당한 정도로 이 조직들, 특히 현대적 기업들이 자신들의 업무를 얼마나 잘 수행하는가에 달려 있습니다. 더 놀라운 사실은 이 조직들이 가격 시스템에 관심을 가지고 있다는 것을 고려해 볼 때 시장 또는 구체적으로 말해 교환 과정을 관장(govern)하는 제도들을 무시하고 있다는 점입니다. 이 제도들이야말로 무엇이 생산되어야 할지를 상당한 정도로 결정하는 것이기에, 이를 무시하고 있는 이론은 매우 불완전한 이론이 되지 않을 수 없습니다.(1992: 714)

코스는 또한 뎀제츠(Harold Demsetz)와 청(Steven Cheung) 등 자신의 제자와 동료 학자들의 연구에도 영향을 주었다. 그들은 코스의 사고를 응용하고 확장시켰으며, 그 과정에서 코스 자신의 인식의 깊이와 폭도 함께 확장되었다.

코스는 2013년 9월 2일 사망할 때까지 연구를 지속했다. 80년이 넘는 세월 동안 그가 발전시켰던 사고가 어떻게 세월의 시험을 견디고 살아남았을까? 호프만(Hoffman)과 스핏쳐(Spitzer)는 코스가 끼친 광범위한 영향을 이렇게 요약하고 있다:

> 우리는 코스가 이룩한 것이 사회과학자들에게 지속적인 호소력과 통찰력을 지니고 있다고 생각한다. 왜냐하면, 그것은 무엇보다도 가장 중요한 사회적 문제, 즉 제한된 정보, 공동 자원의 문제, 그리고 공공재의 문제들이 동시에 다수의 사람들 사이에 갈등을 야기할 때 그것을 해결하는 거버넌스(governance)와 조정의 문제들을 다루고 있기 때문이다. 지난 반세기 동안 사회과학 연구는 특정 상황에서 이 핵심적 문제의 다양한 측면들을 검토하는 데 초점을 맞추어 왔다. 기업 또는 공유재 관리, 오염, 입법부 위원회의 의석 배정, 금융시장의 체계적 위험에 대한 규제, 군사력 제공, 복잡한 특허 문제, 최적의 통신 네트워크 창출 문제, 비용체감 산업에 대한 규제, 혹은 기업 경영진에 대한 보상 문제 등을 연구하는 학자라면 누구라도 자신들의 연구가 코스가 보였던 여러 통찰력 가운데 하나로부터 시작되었다는 사실을 알게 될 것이다. (2011: S64)

참고 문헌 및 추가로 읽어 볼 문헌

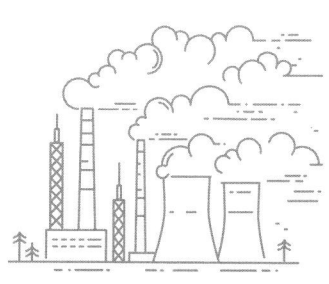

- Alchian, Armen A., and Harold Demsetz (1972). Production, Information Costs, and Economic Organization. American Economic Review 62, 5: 777-795.

- Allen, Douglas W. (1999). Transaction Costs. Encyclopedia of Law and Economics.

- Ausubel, Lawrence M., Peter Cramton, and Paul Milgrom. (2006). The Clock-Proxy Auction: A Practical Combinatorial Auction Design. Handbook of Spectrum Auction Design: 120-140.

- Baker, George, Robert Gibbons, and Kevin J. Murphy (2002). Relational Contracts and the Theory of the Firm. The Quarterly Journal of Economics 117, 1: 39-84.

- Barzel, Yoram (1997). Economic Analysis of Property Rights. Cambridge University Press.

- Bertrand, Elodie (2006). The Coasean Analysis of Lighthouse Financing: Myths and Realities. Cambridge Journal of Economics 30, 3: 389-402.

- Candela, Rosolino A., and Vincent J. Geloso (2018). The Lightship in Economics. Public Choice 176, 3-4: 479-506.

- Candela, Rosolino A., and Vincent Geloso (2019). Why Consider the Lighthouse a Public Good? International Review of Law and Economics 60: 105852.

- Cheung, Steven N.S. (1973). The Fable of the Bees: An Economic Investigation. Journal of Law and Economics 16, 1: 11-33.

- Coase, Ronald H. (1937). The Nature of the Firm. Economica 4, 16: 386–405.

- Coase, Ronald H. (1946). The Marginal Cost Controversy. Economica 13, 51: 169–182.

- Coase, Ronald H. (1959). The Federal Communications Commission. Journal of Law and Economics 2: 1–40.

- Coase, Ronald H. (1960). The Problem of Social Cost. Journal of Law and Economics 3: 1–44.

- Coase, Ronald H. (1970). The Theory of Public Utility Pricing and its Application. The Bell Journal of Economics and Management Science: 113–128.

- Coase, Ronald H. (1972). Durability and Monopoly. Journal of Law and Economics 15, 1: 143–149.

- Coase, Ronald H. (1974). The Lighthouse in Economics. Journal of Law and Economics 17, 2: 357–376.

- Coase, Ronald H. (2000). The Acquisition of Fisher Body by General Motors. Journal of Law and Economics 43: 15–31.

- Cramton, Peter (1997). The FCC Spectrum Auctions: An Early Assessment. Journal of Economics & Management Strategy 6, 3: 431–495.

- Demsetz, Harold (1967). "Toward a Theory of Property Rights."

American Economic Review 57, 2: 347–359.

- Demsetz, Harold (1968). Why Regulate Utilities? The Journal of Law and Economics 11, 1: 55–65.

- Ellerman, A. Denny, Paul L. Joskow, Richard Schmalensee, Juan-Pablo Montero, and Elizabeth M. Bailey (2000). Markets for Clean Air: The US Acid Rain Program. Cambridge University Press.

- Frischmann, Brett M., and Christiaan Hogendorn (2015). Retrospectives: The Marginal Cost Controversy. Journal of Economic Perspectives 29, 1: 193–206.

- Grossman, Sanford J., and Oliver D. Hart (1986). The Costs and Benefits of Ownership: A Theory of Vertical and Lateral Integration. Journal of Political Economy 94, 4: 691–719.

- Hart, Oliver, and John Moore (1990). Property Rights and the Nature of the Firm. Journal of Political Economy 98, 6: 1119–1158.

- Hayek, Friedrich August (1945). The Use of Knowledge in Society. American Economic Review 35, 4: 519–530.

- Hazlett, Thomas W. (2009). Chapter 1: Ronald H. Coase. In L. Cohen and J. Wright (eds.), Pioneers in Law and Economics (Edward Elgar).

- Hazlett, Thomas W. (1998). Assigning Property Rights to Radio Spectrum Users: Why did FCC License Auctions Take 67 Years? The Journal of Law and Economics 41, S2: 529–576.

- Herzel, Leo (1951). "Public Interest" and the Market in Color Television Regulation. University of Chicago Law Review 18, 4: 802-816.

- Joskow, Paul L. (1987). Contract Duration and Relationship-Specific Investments: Empirical Evidence from Coal Markets. American Economic Review 77: 168-185.

- Joskow, Paul L. (1988). Asset Specificity and the Structure of Vertical Relationships: Empirical Evidence. Journal of Law, Economics, and Organization 4: 95-117.

- Kiesling, Lynne (2016). Implications of Smart Grid Innovation for Organizational Models in Electricity Distribution. In Chen-Ching Liu, Stephen McArthur, and Seung-Jae Lee (eds.), Wiley Smart Grid Handbook (Wiley).

- Klein, Benjamin (1988). Vertical Integration as Organizational Ownership: The Fisher Body-General Motors Relationship Revisited. Journal of Law, Economics, & Organization 4, 1 (1988): 199-213.

- Klein, Benjamin, Robert G. Crawford, and Armen A. Alchian (1978). Vertical Integration, Appropriable Rents, and the Competitive Contracting Process. The Journal of Law and Economics 21, 2: 297-326.

- Klein, Peter G. (2005). The Make-or-Buy Decision: Lessons from Empirical Studies. In Claude Ménard and Mary Shirley (eds.), Handbook of New Institutional Economics. Springer: 435-464.

- Landes, William M., and Sonia Lahr-Pastor (2011). Measuring Coase's

Influence. The Journal of Law and Economics 54, S4: S383-S401.

- Libecap, Gary D. (1993). Contracting for Property Rights. Cambridge University Press.

- Masten, Scott E. (1984). The Organization of Production: Evidence from the Aerospace Industry. Journal of Law and Economics 27: 403-417.

- Masten, Scott E. and Keith J. Crocker (1985). Efficient Adaptation in Long-Term Contracts: Take-or-Pay Provisions for Natural Gas. American Economic Review 75: 1083-1093.

- McCloskey, Deirdre (1998). The So-Called Coase Theorem. Eastern Economic Journal 24, 3: 367-371.

- McMillan, John (1994). Selling Spectrum Rights. Journal of Economic Perspectives 8, 3: 145-162.

- Medema, Steven G., ed. (1988). Coasean Economics Law: and Economics and the New Institutional Economics. Springer.

- Ménard, Claude, and Mary M. Shirley, eds. (2005). Handbook of New Institutional Economics. Vol. 9. Springer.

- Milgrom, Paul (2019). Auction Market Design: Recent Innovations. Annual Review of Economics 11: 383-405.

- Monteverde, Kirk, and David J. Teece (1982). Appropriable Rents and Quasi-vertical Integration. The Journal of Law and Economics 25, 2: 321-328.

- Ostrom, Elinor (1990). Governing the Commons: The Evolution of Institutions for Collective Action. Cambridge University Press.

- Pennington, Mark (2015). Coase on Property Rights and the Political Economy of Environmental Protection. In Cento G. Veljanovski (ed.), Forever Contemporary: The Economics of Ronald Coase. Institute of Economic Affairs.

- Pigou, Arthur Cecil (1920/2013). The Economics of Welfare. Palgrave Macmillan.

- Posner, Eric A. (2017). Coase Theorem. In Bruno Frey and David Iselin (eds.), Economic Ideas You Should Forget. Springer: 101-103.

- Sandor, Richard L. (2012). Good Derivatives: A Story of Financial and Environmental Innovation. John Wiley & Sons.

- Stigler, George J. (2003). Memoirs of an Unregulated Economist. University of Chicago Press.

- Shelanski, Howard A., and Peter G. Klein (1995). Empirical Research in Transaction Cost Economics: A Review and Assessment. Journal of Law, Economics, & Organization: 335-361.

- Tadelis, Steven (2010). A Tribute to Oliver Williamson: Williamson's Contribution and Its Relevance to 21st Century Capitalism. California Management Review 52, 2: 159-166.

- Veljanovski, Cento G., ed. (2015). Forever Contemporary: The Economics of Ronald Coase. Institute of Economic Affairs.

- Williamson, Oliver E. (1971). The Vertical Integration of Production: Market Failure Considerations. American Economic Review 61, 2: 112-123.

- Wilson, Bart J. (2020). The Property Species: Mine, Yours, and the Human Mind. Oxford University Press.

- Yandle, Bruce (1998). Coase, Pigou, and Environmental Rights. In Peter J. Hill and Roger E. Meiners (eds.), Who Owns the Environment? (Rowman & Littlefield).

저자의 감사의 말
저자 소개

저자의 감사의 말

나는 새로운 독자들에게 그리고 기존의 독자들에게는 새로운 방식으로 내가 가장 좋아하는 경제학자의 업적을 소개할 기회를 준 클레멘스(Jason Clemens)에게 감사를 표한다. 전체 편집을 맡아준 부드로(Don Boudreaux), 분석과 표현을 정밀하게 할 수 있도록 아주 귀중한 검토 의견을 준 마이너스(Roger Meiners)와 해즐릿(Tom Hazlett)에게도 감사를 드린다. 나는 또한 칸델라(Rosolino Candela), 클레이(Karen Clay) 그리고 겔로소(Vincent Geloso)로부터도 유용한 의견을 받았다.

저자 소개

키슬링(Lynne Kiesling)은 콜로라도-덴버(Colorado-Denver) 대학교의 엔지니어링, 디자인 및 컴퓨팅 대학에 있는 규제법경제학(Regulatory Law & Economics) 연구소의 연구 교수이자 공동 책임자이다. 그녀는 또한 지식문제 LLC의 대표로서 자문과 분석 서비스를 제공하고 있다. 망(grid) 현대화와 거래 가능 에너지에 대한 그녀의 연구는 전력 산업에서의 규제, 시장 설계, 소매시장 및 재화와 서비스 발전 기술, 그리고 스마트 그리드(smart grid) 기술의 경제학을 검토하기 위해 제도 및 거래비용 경제학을 이용하고 있다. 그녀는 국립표준원의 스마트 그리드 자문위원회 위원으로 활동했으며, 그리드와이즈 건축 자문위원회(GridWise Architecture Council)의 명예 회원이다. 그녀는 (오하이오) 마이애미(Miami) 대학교에서 경제학을 공부하고, 노스웨스턴(Northwestern) 대학교에서 경제학 박사 학위를 받았다.